自称女性主义者的人就是女性主义者,女性主义不存在正确和错误之分。

如果不把责任推给这个世界,就不可能成为女性主义者。

一个女人的游荡

给爱和母性赋予象征性的价值,并将其推向神坛,实际上是长久以来榨取女性劳动的意识形态机制。

一个女人的逆袭

おひとりさまの逆襲

〔日〕
上野千鹤子
小岛美里
著

徐怡秋
译

 中国致公出版社 · 北京

图书在版编目（CIP）数据

一个女人的逆袭 /（日）上野千鹤子,（日）小岛美
里著；徐怡秋译 . -- 北京：中国致公出版社, 2024.11
ISBN 978-7-5145-2247-1

Ⅰ.①一… Ⅱ.①上…②小…③徐… Ⅲ.①老年人
－生活－通俗读物 Ⅳ.① Z228.3

中国国家版本馆 CIP 数据核字 (2024) 第 055631 号

Original Japanese title: OHITORISAMA NO GYAKUSHU

Copyright © 2023 Chizuko Ueno, Misato Kojima

Original Japanese edition published by Business-sha Co., Ltd.

Simplified Chinese translation rights arranged with Business-sha Co., Ltd.

through The English Agency(Japan)Ltd. and Rightol Media Limited

著作权合同登记图字：01-2024-3430

一个女人的逆袭 /（日）上野千鹤子 小岛美里 著　徐怡秋 译
YIGE NÜREN DE NIXI

出　　版	中国致公出版社	
	（北京市朝阳区八里庄西里 100 号住邦 2000 大厦 1 号楼西区 21 层）	
出　　品	雁北堂（北京）文化传媒有限公司	
	（北京市西城区高粱桥路 6 号西环广场 A 座）	
发　　行	中国致公出版社（010-66121708）	
作品企划	雁北堂（北京）文化传媒有限公司	
责任编辑	邓　苗	
责任校对	吕冬钰	
内文设计	冉冉工作室	
责任印制	卫　晴	
印　　刷	天津雅图印刷有限公司	
版　　次	2024 年 11 月第 1 版	
印　　次	2024 年 11 月第 1 次印刷	
开　　本	830 mm×1120 mm　1/32	
印　　张	8.25	
字　　数	133 千字	
书　　号	ISBN 978-7-5145-2247-1	
定　　价	59.00 元	

目录

第 8 章　　直到生命尽头 / 219

后记 / 245

介护保险[1]正面临巨大危机！

因此，我想出版一本对谈，当编辑前田和男先生问我希望与谁进行对话时，我选择了小岛美里女士。

小岛女士是一名介护服务机构的经营者，对一线情况非常了解，也对现状深感担忧，我一直希望能与她进行深入的交流。去年秋天，我与小岛女士携手组织了一系列抗议活动，主题是"坚决反对史上最糟糕的介护保险法案修订！！"。小岛女士意志坚定，非常值得信赖，我们是志同道合的伙伴。最近，她出版了自己的著作《临终时刻，你想在哪里度过？——如何打造痴呆症患者也能活出自我的社会》，书中很多内容都是我期待已久的。因为，从政策

前言

上野千鹤子

---

1 "介护"是指为老年人或身心残障人士提供身体清洁、协助饮食起居及整理家务等多种专业服务。介护服务不只是让老人得到当下的方便和舒适，而是要以长远的目光，力图通过各种服务减缓他们身体机能的退化，预防常见的老年疾病，尽可能维持其健康生活。"介护保险"是指通过保险运作的方式，利用第三方机构为老年人提供相应介护服务的制度，类似于中国的长期护理保险制度。日本的介护保险法案于 2000 年 4 月 1 日正式实行，40 岁以上者必须加入介护保险。

与制度方面研究介护保险的专家学者数不胜数，同时，也有很多人在分享介护现场的辛酸体验与感人故事。然而，迄今为止，还没有一个人能够从宏观、中观和微观三个角度来探讨介护保险制度的种种问题。例如，如何将制度与实践联系在一起，让制度能够真正付诸实践；现有的制度存在哪些局限和缺点，导致了现实中的种种问题与困难；以及位于中间层面，负责将制度与个人连接在一起的介护机构（尤其是提供老年居家支援服务的居家介护服务机构）经营者正面临哪些挑战；等等。

在此之前，我曾写过一本书，名叫《在熟悉的家中向世界道别》，主要从介护保险使用者的角度，探讨了如何让独居者也能在家中度过人生最后的时光。小岛女士的著作其实是对我书中观点的一个反驳。她认为这种做法是不可行的，困难重重。这越发令我好奇，我很想知道她内心的真实想法。小岛女士从市民志愿活动起步，曾当选过市议员，她在介护保险制度推行之前就投身于介护服务行业，亲自见证了制度实施前后行业的变化，新冠肺炎疫情期间又经历了种种行业艰辛。因此，她的论点极具说服力。对我来说，她是一位非常理想的对话伙伴。

不过，我并没有被小岛女士完全说服。我们之间有共鸣，也有分歧。虽然我对她在一线亲身感受到的危机感深有共鸣，但我并没有放弃介护保险制度的美好愿景。作为一名观察了介护保险行业二十三年的资深观察者，我想要指出一点：介护保险这么多年的发展，确实为日本的介护领域培养了大量人才，也令介护服务的质量有了显著提高。正因为如此，曾经被视为绝不可能的"独自居家临终"现在已成为可能。对于介护机构经营者来说，这一点或许有些难以启齿。但正是由于介护保险制度的诞生，"独自居家临终"已经变成一个切实可行的选项。而且，即便是痴呆症患者，现在也有可能"独自一人在家中度过人生最后的时光"，这样的案例目前虽然还不多，但确实在逐渐增加。

然而……如此重要的介护保险制度如今正面临巨大危机。"制度空洞化"的现象越来越严重，尽管介护保险制度依然存在，但逐渐变得毫无用处。具体的危机内容，我会在正文中详细介绍。当您了解过后，您可能会为此前的认知不足感到震惊。但只感慨一句不知情是不够的。因为您自己的晚年安全与保障正在默默遭受侵蚀。

尽管存在一些分歧，但小岛女士和我都有一种深深的危机感：如果介护保险制度继续退步下去，那我们现在已经建立起的这一切也将会逐渐消失。尽管介护保险制度一开始存在这样或那样的问题，但它确实令很多人从中受益。如今，已不会再有人想要回到没有介护保险的年代。然而，介护保险制度此刻却来到悬崖边缘。出于共同的危机感，我和小岛女士开始携手战斗。目前，我们已成功阻止了不合理的法案修订。但我们并未掉以轻心，因为形势随时可能会逆转。

不合理的修订会造成空有制度却无法利民的恶劣局面，这会导致老人无法入住养护机构[1]，名义上是"居家"，实际上却是被"弃置不管"，这是显而易见的，因为在新冠肺炎疫情期间，我们眼睁睁看着这一切发生。在一些人眼中，老年人以及照顾老年人的劳动者都微不足道，不用考虑他们的待遇。

如今，"团块世代"[2]是老年人口的主要群体，我也是其中一员。我们这代人马上就要变成高龄老年人，这就会带来"2025年问题"。之所以被称作问题，是因为据预测，一旦团块世代年满75岁，进入高龄老年人阶段，"需介护认定率"[3]就会上升，那将会给介护保险带来极大的财政压力。在影片《岁月自珍（PLAN75）》（编剧、导演：早川千绘。2022年6月上映）中，老人一旦年满75岁，就会获得"死亡的权利"，

1　养护机构：日本的养护机构分为私营和公立两大类，私营机构提供的服务种类更多；公立机构因为有政府补贴，收费更低。特殊老年护理院、Group home 等都属于养护机构。

2　团块世代是指日本在1947年到1949年之间出生的一代人，是第二次世界大战后，日本出现的第一次婴儿潮。

3　申请介护保险提供的介护服务之前需进行介护等级评估，介护等级主要分为两大类："需介护"和"需支援"。"需介护认定率"是指经评估后，被认定为"需介护"级别的人口占该年龄段总人口的百分比。

而另一位年轻的评论家则呼吁"老年人就应该集体自杀"[1]，这就是如今我们所面对的时代。

介护保险制度的创立主要是依靠出生于团块世代的官员和推动介护社会化万人市民委员会[2]。而能够从介护保险中受益的首先是团块世代的父母，其次就是他们自己。如今介护保险法案不合理的修订虽然会对团块世代产生一定的影响，但以"制度的可持续性"为名不断推进不合理的修订后，真正会吞下苦果的却是现在这些批评"老年人在享受优待"的年轻人。现在不是煽动和利用代际矛盾的时候。幸亏有了介护保险，子女才能放心地离开父母，而父母也能安心地独居养老。而且，未来你自己的晚年是否能有保障也取决于介护保险。团块世代这代人曾经参与过学生运动和全共斗运动[3]。本书也提及了"全共斗世代"对于介护问题看法的调查结果，其中所体现出的性别差异十分耐人寻味。曾经为社会不公挺身而战的他们，如今在做些什

1　出生于 1985 年的成田悠辅现任耶鲁大学副教授，2021 年 12 月，他在参加一个网络新闻节目时声称，解决日本老龄化问题，最终还是要靠老年人集体自杀，该言论引发极大争议。

2　推动介护社会化万人市民委员会是一个成立于 1997 年的非营利组织，旨在关注弱势群体利益，在 1997 年举办了一系列社会活动，直接推动了介护保险法的创立。

3　全共斗是"全学共斗会议"的简称，由日本各大学的学生团体组成，在 1968 年至 1970 年间发起了一系列群众性示威游行、罢课、占领校园等运动。

么？他们当时的义愤与斗志会去向何处？

如今，危机已不动声色地逼近老年人身边。希望本书能够帮助您认识到这一点。

第 1 章

那些讨人嫌的男人变老后

当惯了"一家之主"的男人有多轻松

上野 小岛女士，您是NPO[1]（非营利组织）"生活网络·缘[2]"
的法人代表，从事介护服务行业已近二十年，去年又
出版了著作《临终时刻，你想在哪里度过？——如何
打造痴呆症患者也能活出自我的社会》。这本书中提
到了很多我期待已久的内容，所以我很希望能与您进
行一次对谈。

小岛 感谢上野老师。能够得到您的褒奖，我非常开心。我
也一直期待着能与您进行交流，还请您多多关照。

上野 "介护"问题可以说是当今日本社会最重要的课题，而
您又是这方面的专家，因此，接下来，我想与您进行

1　NPO：非营利组织（Non-Profit Organization）是指不以营利为目的的
组织。
2　生活网络·缘是一个以为老年人、残障人士提供支援活动、调查活动、学
习会、文化活动为中心的非营利组织。

充分讨论，深入探究这个问题。作为此次对谈的切入点，我想先从"2025年问题"谈起。

距离2025年还有2年时间，届时，所有团块世代都将成为75岁以上的高龄老年人，我也是其中一员。据说这部分人口数量总计700万人至800万人，而且其中大部分老人会给医疗行业和介护服务行业造成巨大压力，社会各界已对此敲响警钟。然而，目前所有的声音都来自当事人以外。关于"2025年问题"的各种审议会[1]中没有一名成员属于团块世代，从这一点中也不难看出，"2025年问题"所面临的最大问题就是，在所有讨论中都将当事者排除在外。今后，政府可能会针对"2025年问题"实施各种政策，可是，在当事者缺席的情况下，这样做很可能会导致无可挽回的失败，甚至会为子孙后代埋下祸根。

关于这一点，小岛女士，您是如何理解的呢？

小岛 我本人出生于1952年，相当于是团块世代的妹妹。不过，按照我的理解，"2025年问题"仅仅是指2025年以后需要介护服务的人数会大幅增长，那将会是"很庞大的一群人"。这并不意味着我们需要把团块世代

1　日本的审议会是政府的附属机构，主要作用是为政府决策的科学化提供咨询；对行政机关进行监督；进行各种行政的综合调整。

单独拿出来，讨论他们会怎样。

上野 团块世代同时也是"全共斗世代"。

去年（2022 年）9 月 19 日，举办了一场探讨"2025年问题"的研讨会，主题叫作"如果变成不懂事的老人，团块世代会被抛弃吗?!"。这个研讨会的主办者不仅是团块世代，而且还是团块世代中曾参与过全共斗运动的那些"暴力学生"（笑）。

小岛 就是所谓的"暴力集团"吧（笑）。

上野 与会者中有四位是"全共斗世代"，两名男性，两名女性。其中，那两名女性是我和作家久田惠女士。有意思的是，我现在是"孤身一人"，久田是"single again"[1] 的单身母亲，而另外两名男性则均有家室。

小岛 真没想到，这是一个很鲜明的对比啊。

上野 奇妙的是，虽然我和久田事先完全没有沟通过，但我们不约而同地提到了一句话，就是当时非常流行的那句"寻求团结、无惧孤立"，这句话在后来人的眼里或许十分可笑，但当时的我们对此确实深信不疑。

小岛 "寻求团结、无惧孤立"，这句话太有名了，作为上野老师妹妹辈的人，我也记忆犹新。

---

1 "single again（恢复单身）"是日本女性创作歌手竹内玛莉亚 1989 年发行的单曲。

图 1

"支持 NPO 社区互助医疗·介护·市民全国网络工作会议第一次全国集会"专项研讨会于 2022 年 9 月 19 日在平塚 Plaisir 召开，会议主题为"团块／全共斗世代的未来与课题 PART II~ 从当事者视角看'2025 年问题'~ 如果变成不懂事的老人，团块世代会被抛弃吗?！"。

图 2

与会者代表，由左至右依次为上野千鹤子（东京大学名誉教授）、久田惠（大宅壮一纪实文学奖获奖作家）、三好春树（生活与康复训练研究所法人代表）、畑恒士（医生）。

上野 其实，在这句"寻求团结、无惧孤立"之前，还有一句口号，叫作"粉碎家庭帝国主义"，如今这句话已经被大家彻底遗忘了。这句话告诉我们的是，帝国主义并不仅仅指对外的殖民地统治，它也存在于我们身边，存在于我们的家庭内部。相信了这句口号，向家庭帝国主义发起抗争并最终成为"孤身一人"的就是我。同样相信了这句口号，经历过事实婚姻后最终成为一名单身母亲的就是久田惠。我们女人这一辈子真是一直在死磕呢（笑）。而男人们早就已经变成了"家庭帝国主义者"，轻轻松松地坐上了大家长的位置。

那些"旧男性"做派的大叔为什么如此讨人嫌？

小岛 顺便提一句，我先生已经过世了，我现在也是单身。"全共斗世代"后来遭到很多批评，是吧？

上野 大家都认为他们上学时闹得那么厉害，结果一转头就找了份工作，变身为企业战士，上班时领着高薪，退休后还有高额的养老金，好处都占全了，于是就责怪他们放弃了原本的政治立场，转身投向资产阶级的怀抱。然而，事实并非如此。作为其中的一分子，我想说，团块世代中大学生只占少数，而其中参与了学生运动的更是凤毛麟角。大部分人对政治毫不关心。也就是说，团块世代中的大多数人，与其他年代的大多数人一样，也都是从众主义者，所谓"好处占尽"，其实指的是他们这些人。而那些真正参加过学生运动的人，要么退学了，要么成为自由职业者，他们后来仍在踏踏实实地继续参加各种社会运动。

团块世代之所以在下一代眼中那么讨人嫌，其实另有原因。因为团块世代中的男性在公司中建立起男性主导的企业文化，从而使得"旧男性"的种种做派得以贯彻始终。就像那个热情到令人不适的岛耕作[1]，每天加班到深更半夜，然后招呼同事"走，一起去喝一杯"，喝完一家还要再换一家。这种"热血大叔"就该早早消失。没有了他们，员工和公司的关系可能会更自然，企业氛围也会更好，工作环境会更加舒适，这其实是大多数人的愿望。因此，那些"旧男性"做派的大叔才会如此讨人嫌。

小岛 的确是这样。他们给人一种高高在上的感觉，不愿意听别人怎么说，只知道没完没了地吹嘘自己学生时代的英勇事迹。而且，他们不仅退休时能领取一份不菲

1　岛耕作是漫画家弘兼宪史著名系列漫画作品中的主人公，这个系列讲述了岛耕作在日企初芝中从课长到董事的打拼历程。

的退休金，还不用担心养老金，看起来就是避开了所有的坑，好处占尽。

上野 事实上，等这些大叔们到了该退休的年龄，彻底从企业中消失之后，企业文化也不会发生丝毫改变。这是因为在下一代中，又会产生新的一批"男性集团大叔"。

这样看来，他们讨人嫌其实并不是由于他们是"团块世代"，而是因为他们都是隶属于男性集团的"工作狂"。

小岛 我在介护工作的一线还没有遇到过这种团块大叔，和我一起工作的同事里也没有这样的人，所以，我觉得，无论是接受服务的一方，还是提供介护服务的一方，对这类人都没有什么成见。而且，在我们这个行业里，也没什么人会专门去讨论"团块世代"之类的大道理。

上野 关于这一点，我想先陈述一个事实。首先，在当时，大学的录取率还是比较低的，大学生大约只占同龄人口的 15%，而在这些大学生中，参加全共斗运动的人，包括运动的积极分子和他们的追随者，大约只占两成。并不是所有人都参与了学生运动。

其他与全共斗派正面对抗，破坏罢课活动的大约占两成。主要是戴黄色头盔的民青系（日本共产党的青年组织，民主青年同盟），再加上一些右翼学生运动团体，现在想起来，他们应该算是日本会议[1]的前身，还有一些加入运动社团的学生，另外还包括一些参与了清除路障的学生。除此之外，剩下的六成学生都对政治漠不关心，大学被路障封锁时，他们会去旅行或去打工……

在我的朋友圈里，几乎没有人就职于主板上市的大公司。我毕业于京大（京都大学），再怎么说也是国立一期校[2]，在求职市场上无疑处于有利的位置，然而我的校友中没有一个人进入大公司。每个年代都是从众主义者占大多数，而大多数人都会选择和大多数人一样的生活方式，仅此而已。我觉得全共斗世代转身投向资产阶级怀抱这种说法，是后来人或是媒体对大众印象的塑造与操纵。这一点一直是我想要澄清的。

小岛 那参与全共斗的那些人后来是怎样生活的呢？

上野 俗话说得好，"一旦站起来就不想再倒下"。我们这些伙伴，无论男女，之后都仍然坚持组织各种社会运

1　日本会议是一个成立于 1997 年的日本政治团体，属于右派或极右组织，是日本最大的保守主义·民族主义团体。

2　国立一期校·二期校制度是存在于 1949~1978 年间的日本大学入学考试制度。为了防止考生集中报考一流高校，政府规定一期校在 3 月上旬进行入学考试，二期校在 3 月下旬进行入学考试。其中一期校多为历史悠久、底蕴深厚的名校；二期校则多为地方性大学或战后新设大学，水平稍落后于一期校。

动，如生协运动[1]、社区运动、居民运动等。三岁看老，我们这股劲儿一直没有消失。这一点我必须好好为他们做个证。我们这代人是经历过这些运动的人，我们是跟社会抗争过的人，现在我们马上就要步入老年。或许以往的老年人甘愿默默地成为"需介护"老人，什么也不说，但今后的老年人将会是我们这些不断开口争取权益的人。

小岛 刚才您谈到，以前参加过全共斗运动的那些哥哥姐姐们步入社会后，仍然在组织社区运动或生协运动，这一点应该让更多的人了解到才好啊。我曾经遇到一位生协的创立者，他比我大一辈，曾参加过 1960 年的安保运动。另外，在我们当地的公民运动中我也接触过不少团块世代的人，其中很多人都参加过学生运动。

指望有些男人帮忙？根本靠不住！

上野 咱们言归正传。关于"2025 年问题"，有两份问卷调查我非常感兴趣，咱们就先从这两份问卷调查开始吧。

一个是 2019 年 12 月发行的《续·全共斗白皮书》（情

1　生协是日本生活协同组合的简称。自 20 世纪 70 年代起，东京都的生协联合会会员通过开展运动，选举他们自己的代表进入地方议会，最后还组建了地方政党，成为女性进入议会的一个重要起点。

况出版社）上关于介护问题的问卷调查。该调查共采访了 446 位曾参加过全共斗运动的人士，调查内容共75 项，其中涉及介护问题的有以下几项：

"介护保险的使用状况。"

"目前有没有'需介护'的人？"

"由谁来承担介护工作？"

"今后是否有家人需要介护？"

"自己'需介护'时希望由谁来照顾？"

"你希望在什么地方度过自己的临终时刻？"

另一个是 3 年后，即 2022 年 8 月，面向相同的受访者进行的追加调查。这次调查主要用于探讨"2025 年问题"的研讨会，会议主题是"如果变成不懂事的老人，团块世代会被抛弃吗?！"，我也是与会者之一。

追加调查的问题如下：

"我们是否应成为一位懂事的老人？"

"你是否有过介护经历？"

"如果自己变成'需介护'老人，你是否感到不安？"

"如何看待介护工作中的性别分工？"

"当你'需介护'时，是否有朋友或晚辈能够提供支持？"

这两个调查问卷的对象都限定为全共斗运动的参与者，因此调查样本可能有些偏颇。不过，换个角度来看，虽然样本数量不多，但大家的意见都很尖锐，从

图 3

资料来源:《续·全共斗白皮书》(情况出版社 2019 年 12 月)。

　　某种意义上来说,或许可以引领潮流。我认为,从不同角度来看,这个调查结果都极具启发性。

小岛　是的。我对这个调查也很感兴趣。不过,有一点我比较关注,就是调查对象的男女比例。《续·全共斗白皮书》中,参与问卷调查的男性为 400 人,女性为 46 人。女性约占总人数的 10%。从统计学角度来看,这种偏差是否妥当?

上野　当时的大学入学率,男生是 20%,女生是 5%,平均在 15% 左右。校园里,女生人数应该占 20% 左右,而参加全共斗运动的女生更少,因此这个比例还是比较妥当的。

您比较关注的点是什么呢?

女性才不想照顾自己的丈夫

小岛 从这个调查结果来看，"需介护"的人仍是少数啊（参见图4）。

上野 填写这份问卷时，他们还属于年轻老年人[1]，不过今后肯定会出现大量的介护需求，相信每个人都预料到了这一点。从问卷上能够看出明显的性别差异。即便是全共斗世代，男性依然是"旧男性"，而女性则是"新女性"。比如，当被问到"由谁来承担介护工作?"时，很多男性回答"伴侣"（参见图5）。

小岛 的确如此。相反，没有一位女性的答案是"伴侣"。

上野 男性会回答"伴侣"，就说明当家里有人需要介护时，很多男人会让自己的老婆来承担介护工作。

然后，在回答"自己'需介护'时希望由谁来照顾?"这一问题时，仍然会有男性选择"伴侣"，真是让人感慨，他们为什么会如此心安理得? 相反，女性则几

---

1 年轻老年人：65 ~ 75 岁的老人被称作年轻老年人，75 岁以上的老人为高龄老年人。

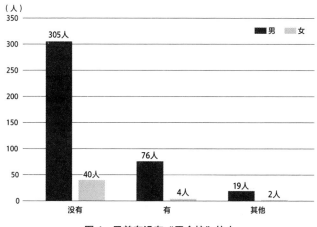

图4　目前有没有"需介护"的人

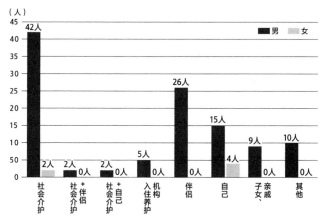

图5　由谁来承担介护工作（多选题）

资料来源：图4、图5均出自《续·全共斗白皮书》（情况出版社2019年）。

乎不对自己的伴侣抱有期待（参见图6）。

小岛 她们应该也不打算照顾自己的丈夫吧。

上野 或许吧。就算丈夫心怀期待，妻子可能也无法回应。看完这个调查，我的感想就是，"团块男"对介护问题的预期真是太自以为是了。

小岛 我以前也看到过类似的调查数据。虽然不是专门针对团块世代做的调查，但从调查结果看，男女差异确实很大。几乎没有女性会期盼伴侣来照顾自己，她们大多会选择"护工"。

上野 没错。另外选择养护机构的人也很多。

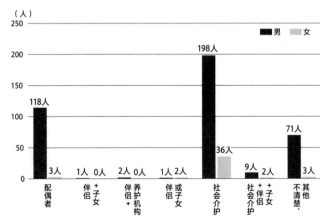

图6 自己"需介护"时希望由谁来照顾

资料来源：《续·全共斗白皮书》（情况出版社 2019 年）。

小岛 是的。要么是养护机构，要么是护工。不过，男性是真的会心安理得地选择"伴侣"。然而，他们并没有意识到，他们所选择的对象压根就不打算照顾他们，这一点不知该说他们天真还是愚蠢。关于这个问题我已经思考了很久。六七年前，我受邀去一个城市举办讲座，当时我也问了他们同样的问题。来听讲座的人男女参半，男性在听到"伴侣"这个选项时都直接举手，而女性则大多选择"专业的介护人员"，没有一人选择伴侣。当时我还打趣说"咱们这儿的男性还真是实诚"。

上野 我这里有一个回答跟您刚才讲的这番话十分吻合。在被问到"如果自己变成'需介护'老人，你会有什么具体的担心和不安？"时，有一个人答道，"不知道儿媳妇能不能帮我换纸尿裤。反正我老婆肯定是不会管我的"（参见表1）。

小岛 什么？（爆笑）

上野 我觉得这个是最搞笑的。"反正我老婆肯定是不会管我的"，至少在这一点上他的认知是非常准确的。

小岛 儿媳妇？为什么啊？简直不可理喻。

上野 这家伙到底在想什么呢?！（笑）真是太令人震惊了。都什么年代了，还认为儿媳妇要照顾公公吗？居然能想到"儿媳妇"这个选项，这本身就很不可思议。你

表1 如果自己变成"需介护"老人，
你会有什么具体的担心和不安？如何应对？（节选）

不知道儿媳妇能不能帮我换纸尿裤。反正我老婆肯定是不会管我的。（男）
我想在自己意识还清醒的时候死去，但投河又不太好，会给别人带来麻烦。我的希望是"给想死的人死的权利"。 （男）
虽然我想尽量居家养老，不过可能也会去介护保健机构或收费养老院吧。我比较担心的是经济问题，因为现在的介护保险制度还无法完全覆盖这些费用。
如果到了"需介护"阶段，我希望能尽早入住养护机构，但不知道孩子们有没有经济能力负担。我希望能早日离世。我不想一直拖着。 （男）
我现在想什么都没用。我无法想象未来会怎样，走一步算一步吧。 （男）
我想通过健康饮食、运动和锻炼大脑来尽量延长寿命，一直做一个不服输的老太太，坚强地活下去，努力不变成社会的累赘。癌症我可以接受，因为可以大致预测未来的生活状况，但如果是痴呆症我就无能为力了。 （女）
很早以前我就开始学习生存所需的一切（包括自己动手技能）。我想开心地生活，不用管自己的性别，遇到不懂的东西，我就会去学习。 （女）
我正在努力通过健康饮食、运动等方式来避免陷入"需介护"的生活。独自生活的我根本无法考虑介护问题。高昂的介护保险费用也令人不快。不过，已经无法自理的人还是要使用护理保险！朋友啥的都没用！ （女）
只要身边有值得信赖的朋友，就没有什么好怕的。 （女）

资料来源:《续·全共斗白皮书》(情况出版社2019年)。

儿子干什么去了？需要人照顾的话，不应该找儿媳妇，应该找你儿子啊。一想到与我同龄的男性居然可以若无其事地说出这种话，真是感觉有些震天骇地（笑）。

小岛　这不叫震天骇地，这就是让人无言以对啊。还有一个人是这样回答的，"我想在自己意识还清醒的时候死去，但投河又不太好，会给别人带来麻烦"，然后他说，"我的希望是'给想死的人死的权利'"（参见表1）。我看完就感觉，你想死就死呗，不要说这些有的没的（笑）。

上野　居然舔着脸说什么"给想死的人死的权利"，你是真的那么想死吗？

小岛　他的意思是，死好像太痛苦了，他想选择一种轻松的死法。

好多男人根本没有直面死亡的勇气

上野　在回答"如果自己变成'需介护'老人，你会有什么具体的担心和不安？"这个问题时，下面这个回答让我切实感受到了答题者的诚恳。他说，"我现在想什么都没用。我无法想象未来会怎样，走一步算一步吧"。我一直在从事老年人的研究，当你询问一个人对晚年生活的设想时，很多男人都会陷入"思维停滞"。

小岛 与其说是思维停滞，不如说他们的态度是不去面对自己不想面对的现实。

上野 对于晚年生活或介护问题，他们既不想看，也不想听，更不想思考，只想把这些问题从眼前推开，根本不去想。

小岛 要不就是搬出一些自杀或安乐死之类的说法，其实他们也没打算真这么去做。我觉得这种做法有点儿滑头。想要把生死这种严肃的话题糊弄过去是不行的。70来岁，用老话来说，已经到了"古来稀"的年龄。我真想对他们说，"勇敢面对自己的生活吧，老大哥"。

上野 他们之所以能够这么不当回事，是因为他们对死亡还没有真正的感知。面对这些人，我真是"震惊到无言以对"。另外，在被问到"当你'需介护'时，是否有朋友或晚辈能够提供支持？"，男女之间的差异也很明显（参见图7）。观察任何一份关于老年人的调查报告都不难发现，女性担心的问题往往是贫困，而男性担心的大多是孤独感。女性的回答中有这样一条，她说"我不需要什么朋友"。这话说得多干脆啊。她没有抱怨"没有朋友，我可该怎么办啊"，这一点非常好。

小岛 我也觉得这一点很棒。就算你有很多朋友，过了85

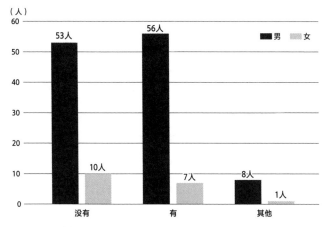

图 7　当你"需介护"时，是否有朋友或晚辈能够提供支持?

资料来源:《续·全共斗白皮书》(情况出版社 2019 年)。

岁，也只会看到她们一个接一个地离你而去。越是长寿，身边就越难找到同龄人。

上野　虽然我以前一直在说"比起有钱，更要有人"，但其实只要适应了独居的生活，没有朋友也不是什么问题。

小岛　反而是我遇到的很多男性总是在抱怨"这么麻烦，我还是死了算了"。他们那种一心想"躺平"的劲头真不是开玩笑的。一想到要让护工去照顾这种人，我就有些愤愤不平。

上野　从调查结果来看，目前正在使用介护保险的男性只有12 人。可能因为他们还属于年轻老年人，所以选择使用介护保险的人占比比较低（参见图 8）。年轻老年人都还很有活力，总觉得介护问题距离他们还很遥远。因此，在日常接触中，我可以十分明显地看出他们身上有种事不关己的气质，介护的任务要么推给老婆，要么推给儿媳妇，那种感觉真是难以言喻。

小岛　的确如此。（男人们）真是完全不了解老年的真实状况。我了解到的一部分人都觉得最后肯定会猝死，嘎巴一下人就没了。可以说，他们对自己可能会变成痴呆，或是可能年老体衰后还得再哆哆嗦嗦地熬个十来年根本没有一点认知。

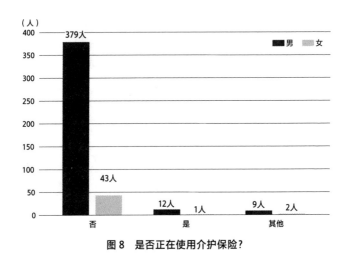

图 8　是否正在使用介护保险？

资料来源：《续·全共斗白皮书》（情况出版社 2019 年）。

上野 是啊。男人们根本不了解真实的老年生活。这个年纪的人应该都经历过自己父母的介护阶段，但我觉得，那些介护工作肯定全都交给了他们的妻子或姐妹，他们自己几乎什么都没有做过。

不懂事的老人会被抛弃吗?!

上野 等到这些人自己需要介护服务时，一个严峻的问题就会摆在他们面前——"要不要成为一个懂事的老人？"一上来我就说过，到了2025年，所有团块世代都将成为高龄老年人，他们的人数高达700万~800万，其中大部分人随着年龄渐长，都将会需要介护服务。到时候，如果不能成为一个"懂事的老人"，就很可能会被抛弃。去年秋天，我受邀参加的研讨会主题就叫"如果变成不懂事的老人，会被抛弃吗?!"。会前，大会做了一份问卷调查，结果显示，绝大多数人都不想成为懂事的老人。选择"即便讨人嫌，该坚持的还是要坚持"的男女人数均达到六成，选择"愿意努力成为一个懂事的老人"的男性约占10%，女性为零（参见图9）。

小岛 不愧是全共斗世代啊。

上野 同样的调查，如果按照不同年龄段去做，那60岁、70

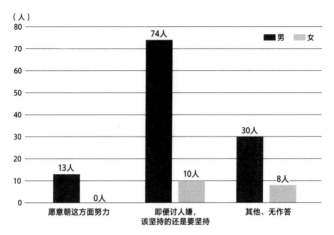

图 9　是否愿意成为一个懂事的老人？

资料来源:《续·全共斗白皮书》(情况出版社 2019 年)。

岁和 80 岁之间可能就会出现差异。

小岛　肯定会的。年龄越大,选择愿意努力在别人眼中显得"很懂事"的老人的比例就会越高。不过,另一方面,我觉得,今后即将成为高龄老人的团块世代,即便讨人嫌,该坚持的还是会坚持,肯定是这样的。

上野　我也有这种感觉。目前需要接受介护服务的老年人主要集中在 80 岁以上。他们这代人习惯在生活中忍耐。

小岛　特别是女性。

上野　年龄越大,选择愿意努力在别人眼中显得"很懂事"的老人中女性所占的比例越高,而这一代女性一直在为了家人而活。她们选择进养护机构的原因几乎也都是为了家人。我曾经问过一位头脑还很清醒的老人，她说她儿子跪在地上求她，"妈，您就在这儿忍一下吧"，她觉得只要她能忍一忍……

小岛 是她儿子求她的？

上野 她觉得只要她能忍一忍，这个家就能太平无事，于是，她就住进了养护机构。我还听说了很多令闻者落泪的故事。我觉得，以前这些日本老人一直在为了家人而活，为了家人住进养护机构，但是，今后情况可能会不同了。

小岛 当然，有些近百岁的老人也会很果断地说"家人是家人，我是我"，不过，从比例上来看，这样的人太少了。

上野 当然，每个人的情况都不一样，每个人的生活方式也不同。城乡之间也有巨大差距，比如曾经在外地一家介护机构做负责人的高口光子[1]曾经跟我说过，在他们那儿，老年人自己做决定是绝不可能的。你要是

1　高口光子：理疗师、介护顾问。曾在特殊老年护理院从事介护服务工作，担任过护理部长、日托服务中心主管以及居家介护部主管等职务。一方面致力于一线的介护服务工作，努力培养年轻的管理团队和领导者，同时还从自己的工作经验出发，通过演讲、撰写文章、运营 Facebook、出演电视节目等方式，积极提出各项实际的意见和建议。主要著作包括《在介护机构度过人生最后的时光》（讲谈社）、《孤独是介护的头号大敌》（日总研出版）等。——原书注。

问她，"老婆婆，您想怎么着啊？"她肯定会跟你说，"你们定吧。"光子说，他们每天面对的都是这样的老人。

小岛 怎么说好呢，我觉得，这些人好像并没有自己决定死在哪里的习惯或传统。

上野 的确如此。

小岛 到了如今这个时代，我们已经必须思考自己想在什么地方度过生命的最后一刻。拿我身边的亲戚举例，我户籍上的祖母跟我没有任何血缘关系，她是我伯父的妻子，由于自己膝下无子，就把我父亲收为了养子。她自己手头有一大笔钱，精神状态也非常好，但就是从来没有想过自己的归宿。

上野 这不仅仅因为她没有其他选项，还因为答案已经摆在她面前了吧？

小岛 是的。答案很自然就变成"你们要负责送走我哦"。可是现在这一套已经行不通了。

上野 之所以会发生这种改变，可能是因为过去人们常说，人是在家庭中逐渐变老的，而在当今这个老龄化社会中，家庭本身已经变得越来越脆弱。我经常说，如果你们认为孩子照顾父母是一种美德，那自己先去生五个孩子再说。

小岛 二战后家庭的基本模式是夫妇二人再加两个孩子，那时就已经有不少人要在自己的父母与公婆之间跑来跑去，轮流照顾，负担不小。不过，我有一个朋友，她的丈夫是独生子，她跟我说"或许没有兄弟姐妹在旁边指手画脚也不错"。有的兄弟姐妹平时只动嘴不动手，最后还要来争家产。自己辛辛苦苦照顾了老人一辈子，兄弟姐妹明明一点儿力都没出，却在那儿等着分家产。这么一想，我有时甚至觉得战前的民法好像更有道理，那时候的规定是由长子继承全部家产，但同时也必须负责赡养老人。

上野 只生一两个孩子就指望让孩子养老，那这个负担很可能会把孩子压垮。如今，家庭就是如此脆弱和渺小。

从养老院逃走的老人们

上野 那这一代人今后该怎么办呢？他们不愿唯唯诺诺地任人摆布，但自己又已从强者变成需要接受介护服务的弱势一方，到那时会发生什么呢……

最近，我参加了一个有关青年痴呆症人群的研究会，其中一位发言代表是来自东京都多摩青年痴呆症综合支援中心的来岛实女士，她讲话的内容非常有意思。据她说，同样是痴呆症患者，青年人和老年人的表现截然不同。

小岛 嗯，是很不一样。

上野 青年痴呆症患者有热情，也有自己的目标。实际上他们的一些想法我非常理解。下面我来介绍其中的一部分。

"我不想去日托。"

"我也不想去短租公寓。"

"我不想让别人管理我的生活。"

"我不想进老人院。"

"我不想做幼稚的游戏，也不想配合那些虚情假意的表演。"

"我不想让别人决定自己的人生。"

我们马上就要变成老人，可能会面临一样的情况，到那时我们应该也是这样的想法。反正我自己非常感同身受。

小岛 无论是我妈妈还是我婆婆，一直到她们很老的时候，都很抵触去日托。她们都已经很大岁数了，但就是不想去。不过随着身体越来越衰弱，从某一刻开始，她们对待去日托的态度忽然变得比较积极了。一方面，正如刚才您所讲的那样，从某种意义上来讲，她们可能会担心自己给家人或身边的人添麻烦，同时，还有一部分原因是她们已经无处可去，行动不便，聊得来的朋友相继离世，与朋友见面变得十分困难等等。另外，自己身体的衰老也会加速这种变化。那些青年痴呆症患者的意见非常有道理，我们需要建立一个系统来解决这些问题。另一方面，很多青年痴呆症的病程发展十分迅速，他们很快就会进入"需介护"的状态，而目前这个问题并没有得到重视，这会给我们一线的工作带来很大困扰。

上野 关于这一点，我想再跟您请教一下，无论是日托、短租公寓还是养护机构，很多老年人都对它们表现出抵触情绪。当然，这种情绪我十分理解，我自己可能也会说我不想去。

而很多机构的负责人或护工会告诉你，"哎呀，这里也没有那么不好啦。您一开始可能会不愿意来，但慢慢地就想来了"。您觉得，这是因为老人们已经放弃了挣扎，接受了现实，就像您刚才所讲的那样，他们也没有其他更好的选择了，还是说，这些机构真的已经变成一个让人待着很舒服的地方了？究竟是哪种原因呢？

小岛 我觉得两者都有。

衰老的关键词是"不安"

小岛 观察下来，我觉得待在上述这些地方还是挺舒服的。

我们这边的日托服务对象基本上都是病程已经进展到一定程度的痴呆症患者，也就是说，都是一些其他机构不愿意接收的人。比如他们要是去参加一些地区集会，基本没办法和别人聊到一起，因为他们的痴呆症状是比较严重的。而如果待在痴呆症患者的专用场所，他们就能找到自己的朋友，相关的工作人员也都比较了解状况，整体气氛十分平和。即便他们待在家里，都不一定会有这么平和的气氛，因为家里人会冲他们发火。

上野　独居就能过得很平和了。

小岛　那可未必。有的人会因为焦虑不安，一直哭着等护工或日托的工作人员上门来接他们。但如果和家人住在一起，就得一年365天，每天24小时面对家人，又很可能会引发冲突，甚至可能会遭到虐待。我们的一个重要职责就是避免这种事情发生。对于这些患者来说，待在日托还是比待在家里过得更安心。

我给你讲个有意思的故事。有一位女士，每次在我们日托中心都过得很开心，但她一回家就跟老公发脾气，冲他大喊"你把我赶出去到底是想干什么！！"，甚至还跟她老公说，她在日托中心连杯茶都喝不上。其实哪只是喝茶啊，在日托中心里，她点心也没少吃，饭都吃得光光的，还交到了朋友，每次开开心心地聊完天，跟大家挥手道别后才坐上班车离开。据一直观察她的工作人员分析，她可能是在故意刁难她老公，让老公产生负罪感。跟她有同样心理的人似乎比例还不小。她儿子曾小心翼翼地来问我们，对此我们也不解释什么，只是拿出照片或是她闲暇时做的作品给他看。他母亲在家里的时候才是没有人管，什么也不干呢。

如果是独居，没有人来访，也没有人说话，再患上痴呆症，就很容易产生这也不懂、那也记不住的不安情绪，很可能会陷入恐慌。而待在日托，有很多人从旁协助，就不会那么紧张。如果老人经常感到焦虑不安，就应该考虑要不要送进相关机构了。

上野 原来如此……

小岛 这一点我跟您的看法可能有些不同，我觉得痴呆症的关键词之一是"不安"。要想消解这种不安，最好置身于人群中，身边有能随时提供帮助的年轻员工，还有志趣相投的新朋友。这种环境所带来的效果，我们是无法否认的。当然，我也不是要夸大养护机构的力量。

上野 我没有否定这些机构的作用，只是不清楚这些老人是在消极被动地适应环境，还是积极主动地适应环境。您刚才说二者兼有，可能确实是这样……

我不想老了还要去上"幼儿园"！

上野 长谷川和夫先生就拒绝去日托。他曾开发了长谷川痴呆症量表[1]，是研究痴呆症的权威专家。站在医生的立场上，他一直声称"去日托对痴呆症患者是很有效的"，但听说轮到他自己时，他却说"我怎么能去那种地方"（笑）。

小岛 您这是在NHK[2]那个特别节目《痴呆症第一权威身患痴呆症》上看到的吧？他们不是还让长谷川老师玩套圈游戏来着吗？当时我就想，居然让长谷川和夫老师做这个？不过，长谷川老师德高望重，他应该不会说"我怎么能去那种地方"，最多只会说"我不去"。我曾拿到过痴呆症介护指导资格证书。我参加研修时，长谷川老师是痴呆症介护研修研究中心的所长，所以，我一直称他为老师。

---

1 长谷川痴呆症量表：一项简易的认知功能测试，用于大致评估患者是否存在认知功能障碍。1974年由圣玛丽安娜医科大学神经精神科教授长谷川和夫等人开发。在日本国内多家医疗机构中被用于痴呆症的诊断。1991年经修订后被命名为"修订版长谷川简易智能评估量表（HDS-R）"。2004年，在日本该疾病名称由"痴呆症"更改为"认知症"，因此该量表被称为"长谷川式认知症量表（HDS-R）"。——原书注。

2 NHK：日本广播协会（Japan Broadcasting Corporation），又名日本放送协会，是日本的公共媒体机构。

上野 在您上学的时候，长谷川先生有没有说过日托对痴呆症患者来说是很好的选择？

小岛 不，在我接受培训的时候，那里并没有让大家一起套圈之类的活动。我不知道长谷川老师当时是怎么想的，不过我们的理念一直都是，不能像那样喊着口号、半强制性地要求大家一起去套圈。

上野 据他的家人讲，后来他已经能很开心地去日托了，这是不是因为他和那家日托比较投缘？

小岛 年龄的增长以及痴呆症病情的加剧都会有影响。我确实觉得送他去那家日托有点可怜，应该找到更好的做法。

上野 不想做幼稚的游戏，也不想配合那些虚情假意的表演？

小岛 是的是的。当然，有些人就是喜欢玩一些看起来很幼稚的游戏，要是非得这样细究下去，那我就无话可说了，因为这就等于要讨论你是喜欢民族音乐还是古典音乐了。不过，让所有人都跟着"一、二、一、二"的口令统一做动作肯定是不对的。"所有来到这儿的人，大家一起来玩套圈"，这种做法必须停止……

上野 我也不想去日托做那些幼稚无脑的游戏。

闭嘴吧，"至死是少年"的男人

上野 其实老年人各自的生活环境、文化背景本来就迥然不同。我在山梨县的山里有一套房子，据说当地的日托里既有本地居民，也有外来人口，大家待在一起，简直是水火不容。

小岛 可不是嘛。本地人和外地人在一起，确实是不好办啊。

上野 于是那些外地人就被孤立了。本地人聚在一起，整天都在聊一些亲戚朋友间的家长里短，比如"哪个亲戚家的外甥和谁谁谁结婚了，生了几个孩子"之类的，而这些话题外地人完全插不上嘴。同时，外地人又大多学历较高。团块世代也存在这个问题，同一代人之间的学历差距非常大。

小岛 学历差距的确存在。另外，还有生活经历方面的差距。比如说，Group home[1] 里可能同时住着女主人和她的保姆。我看到这种情形，还是感到有些心酸。也就是说，以前雇佣保姆的人和做保姆的人，最后生活在同一屋檐下。

上野 还有这种情况？

小岛 是会有这种情况发生的。想听维也纳爱乐乐团的人和想听流行乐的人，最后生活在同一屋檐下。在团块世代中，肯定也会出现这种现象。

---

1 Group home：专门面向老年痴呆症患者的共同住宅式护理机构，每单元入住人数为 5～9 人，最大特点是入住者根据自己的能力共同分担家务，共同生活。

在大学里挥舞着武斗棒的人与中学一毕业就进厂工作的"金蛋一代[1]"肯定是不一样的。虽然不能一概而论，不过即便接受了同样的教育，人与人之间还是会有一些微妙的差异。不过，目前团块世代还没有大量入住养护机构，所以我这也只是推测而已。

我再举一个例子。这已经是快二十年前的事了，当时很多接受我们服务的老人都曾经历过战争。虽然都是那个年代过来的人，但每个人跟每个人的经历肯定不一样。当一位男士眉飞色舞地背诵他上中学时学过的《军人敕谕》[2]时，一位比他年长10岁左右的女士直接打断了他，这位女士亲历过广岛的原子弹爆炸，她说，"你在这儿说得很开心，但对我们来说，那是一段不堪回首的经历。请你闭嘴吧"。

上野 曾经有一段时期，企业很担心退休人员的安置问题，我受邀做过这方面的调查。他们那一代人之间的学历差距格外明显，因此，就算这些企业退休人员加入当地的老年俱乐部，也会显得格格不入。

当地老年俱乐部的成员以本地人为主，他们大多是个体工商户，上学时彼此之间基本都认识。老年俱乐部

---

1 金蛋一代：1964年的日本流行语，指日本经济高速增长期，初中或高中毕业后就直接参加工作的年轻人。
2 《军人敕谕》：1882年由明治天皇颁布的对日本军人的训令。

等于是一个以校园关系网为基础建立起来的地方社区。而在当地没有根基的企业退休人员是无法加入其中的。20世纪90年代以后，地方政府专门为这些退休人员建立了老人学院或老年大学，它们的共同点就是名字都有"学院"或"大学"。高学历者还真是喜欢上学啊（笑）。

"爹味化"的社区活动，能不能别办啊？

小岛 （笑）不过，我们公司位于埼玉县新座市，这里是那种所谓的"卫星城市"，真正的本地人口不到总人口的10%。20世纪60年代，这里的居民只有一万多人，现在已经发展到了16万人左右，因此，这里绝大部分年事渐高的老人都是外地人。20世纪70年代，在这里买了房的人都开始步入老年，町内会[1]也开始由这些人来负责。接下来，怎么说好呢，町内会就逐渐"公司化"了，因为这些人以前几乎全都是公司职员。

上野 原来如此（笑）。

小岛 他们彼此间的称呼都是"什么什么部长"，搞得我莫名其妙的，不知道这些人在干什么。不过，他们现在

1　町内会：一种由街坊邻居组成的居民自治组织，类似中国的居委会。

已经 90 多岁了，我觉得随着他们逐渐老去，这种风潮也就慢慢结束了。不知道下一代人又会带来什么样的变化。

上野 在年轻老年人阶段，大家的精力都还很旺盛。而且，2013 年颁布的《高龄者雇佣安定法》中已明确规定，企业有义务保证有工作意愿的员工能够继续工作至 65 岁为止。即便 65 岁退休，精力旺盛的阶段还会持续很久很久。1998 年，NPO 法[1] 颁布后，很多男性退休后纷纷加入 NPO。

与所谓的官僚机构相同，NPO 的架构是纵向的，通常都有理事会。人们都说，自从 NPO 出现，大叔们一下子就都精神起来了。（笑）好像在说"终于轮到我了"。

小岛 是的，是有很多这样的人。

上野 与《介护保险法》相辅相成，NPO 如雨后春笋般兴起。早期 NPO 的领导几乎全是男性。就像学校里的家委会一样，女性主要做辅助工作，男性当领导。所以，你刚才一说"公司化"，我特别能理解。

那个时代马上要落幕了，因为那些人都慢慢变成了高

---

1 NPO 法：1998 年 3 月日本颁布了《促进特定非营利活动法》，于同年 12 月生效。

龄老年人。地方的 NPO 也逐渐老龄化，新老世代交替迫在眉睫。

被性骚扰的护工

上野　对了，小岛女士，前面我提到，今后"不断开口争取自己权益的老人"会越来越多，这样一来，对于介护机构的经营者来说，你们的工作是会更好做还是会更难做？

小岛　跟我们提要求是完全没问题的，不过，这些要求最好比较合理，或是听了以后让人感觉能够理解。如果那种胡搅蛮缠的人越来越多，可就麻烦了，这是我的心里话。

上野　今后可能会碰到一些比较蛮横、不讲道理或是仗势欺人的"需介护"老人。

小岛　确实有这种可能，我非常担心。护工们不管愿不愿意，都必须严格执行既定的护理计划（Care Plan），这是在使用介护保险服务时必须先制订好的护理方案。我们机构一方也不能违背这个计划，否则就会涉及合规问题。因此，有时即便我们想满足您的要求也没办法做到，而这个护理计划在制订时是经过本人同意的，这就是目前的机制。这一点用户有没有搞清楚、能不能完全理解是非常重要的。

事实上，我们现在要面对很多毫无意义的规则束缚，我觉得这些东西毫无必要，我们也一直在抗争，但根本抗争不过来。因此，现在的情况是，我们的护工总是受埋怨，对此我无能为力，我只是希望不要再跟我们提什么无理要求了。

上野 关于这方面的困扰，您有什么具体的例子吗？

小岛 这种例子不胜枚举。比如有些人会在护工之间挑拨离间，"你看别的护工就帮我干这个、干那个，就你不行"。还有的老婆婆特别喜欢教训别人，动不动就"我得好好教育教育她"，简直难以想象究竟发生了什么。当然也有性骚扰问题。明知到了来访时间，却故意在那儿看成人电影，然后色眯眯地盯着年轻护工看，真让人头痛。还有的男性满脑子都是传统的性别分工意识，他不肯接受男护工的护理，会跟人家说"这不是男人干的活儿"，完全不理会"同性介护原则"。

上野 的确，这里面既有"代际因素"，也有"阶层因素"。我曾经听到过一句话，那句话很伤护工的心。据说那位老人的家庭比较富裕，当时护工正在为她清洗下体，结果她说"这种事儿可不能让我女儿或儿媳妇干"。很过分吧？

小岛 再比如，有些厨房里没有空调，护工就指望对面房间的空调能吹进点凉风，结果老人"啪"的一下把房门关上了。还有的人在护工打扫完后会仔细检查，吹毛求疵，就像一个"反派"。超出护理计划之外的要求更是家常便饭。介护保险的服务费个人大约只需负担10%，1小时几百日元而已。我真想告诉他们，我们并不是你付全款请的专职住家保姆。上野老师，您是不是很早以前就质疑过，"难道护工是这个社会的媳妇吗？"

上野 没错。樋口惠子女士曾说过，"好媳妇是社会福祉的大敌"。

团块世代赶上了高等教育普及的大潮，整体比上一代人学历高。据我观察，这并不是由于他们的头脑特别聪明，他们只是单纯地赶上了时代浪潮而已。尽管如此，在同龄人中，能考上大学的也只有15%左右，学历差距非常大。通常，高等教育开始普及的标志是大学的入学率达到20%，也就是说，那会儿刚好处于转折期。不仅如此，这代人后来的就业率也高得惊人。以往的日本社会以自营业者和家庭雇员为主，也就是农民，他们只能领取国民养老保险[1]。另外，说到"代际因

---

[1] 国民养老保险，日语中叫作国民年金。日本的年金类似我国的养老保险，分国民年金和厚生年金。国民年金类似我国的城乡养老保险，厚生年金类似企业里的职工养老保险。

素"，最近人们常常提到一点，95 岁以上的那些老人都曾服过兵役。

小岛 是的，确实如此。

上野 报告指出，他们之中有些痴呆症患者会对护工施加严重的暴力。听说最近极端的暴力行为已经有所减少，不过我觉得，由于这些人自己在军队中遭受过野蛮的暴力对待，所以在家中，他们对自己的家人恐怕也会一直暴力相向。一位从事家暴援助的一线工作人员曾经对我讲过，以前家暴的惨烈程度跟现在相比，完全不可同日而语。以前的家庭内部隐藏着令人难以想象的暴力行为，比如抓着头发在地上拖来拖去之类的。那就是经历过战争的那代人做出来的事。

小岛 的确可能存在这种现象。我还从来没有把它们联系到一起过。男性即便上了岁数，力气依然很大，当你想要制止他们的一些危险行为时，如果被他们推了一把，虽然谈不上什么可怕的暴力，但一般情况下，女性是难以应对的。

说到战争经历者，我想起一件事，选择居家临终的老年夫妇中，当过兵的人在应对妻子的最后一刻时会非常冷静。他们这代人经历过太多死亡，非常了解死是怎么一回事。

上野 我们需要考虑时代、代际和年龄这三个因素。当团块世代需要介护服务时，他们的代际影响会体现在哪些方面呢？他们会不会变成要求很多的老人呢？

小岛 我觉得很可能会是这样的。这只是我个人的感觉，但愿不要被我说中。刚才我说到，当过兵的人可以沉着应对妻子的死亡。现在我再说一个反例。有一位60来岁的大叔，他母亲年老体衰，临近死亡，于是他把母亲从医院接回了家，想在家中为母亲送终。结果，当他母亲开始出现下颌式呼吸濒临死亡时，他却抛下年轻的护工和上大学的女儿（老人的孙女），自己开车出去了，一直在外面晃荡了几个小时才回来。他母亲去世时都联系不到他。

他们这代人大多没有直接面对过亲人的死亡，他们觉得人在医院里去世是自然而然的，因此，虽然脑子里想的是"希望能在家里给老人送终"，可一旦真到了那一刻，他们却选择了逃避。

"隐忍"是一个人在家养老的大敌

上野 之前，我们在介护一线一直强调"要让老人自己做决定"。帮助老人表达自己的意愿如今仍是非常重要的工作。这是因为，以往我们面对的老人大多不愿自己开口，有什么话都需要请家人代为传达。

按照您刚才的说法，是不是意味着在通情达理、不提不合理的要求的基础上，愿意表达自己意愿的老人更好照顾？这是一线员工的真实感受吗？

小岛 如果是通情达理的要求，护工能够理解，那肯定不会反馈到我这儿来，现场就给解决了。能反馈到我这儿来的肯定都是不太合理，甚至是有些蛮不讲理的要求。

上野 原来如此。那如果是当事者自己提出的一些比较恳切的要求呢？比如"我想待在家里"，或是"我不想来养护机构"之类的，你们怎么办？

小岛 其实一直以来，只有特别坚持自己主见的老人才能待在家里养老。想必您也十分清楚，很多最终实现一人居家临终的，都是一直坚持"我就要死在这里"的人。

尽管如此，居家养老肯定会遇到各种各样的状况，出现问题时周围的人就会很担心，就会建议他们"要不要考虑一下介护老人保健设施"或是"你必须得住院了，就住几天吧"。在这种情况下，有些老人还是会坚定不移地说"不管怎样，我就要待在家里"。坦白来讲，只有做到这种程度，才能真正实现居家临终。

这需要本人意志非常坚定，而且已经做好了充分的心理准备。我以前也见过不少这样的案例，可以说毫无例外，最终实现居家临终的都是做到了这种程度的老人，现实情况就是如此。

在我所了解的范围内，能够合理地坚持主见并始终按照自己想要的方式生活的老人，尽管会被人埋怨事儿多，但他们一直是备受关爱的。

上野 怎么叫备受关爱呢？

小岛 怎么说好呢，就是感觉他们总是能得到别人的尊重，身边的人都对他们很尊敬，他们可以按照自己的意志迎接自己的最后时刻。

上野 能得到 Respect（尊重）。

小岛 是的。有时老人过世后，我和照顾过他们的护工聊起来，护工们都会说"那个人特别通情达理，而且意志坚定"。

上野 原来如此。

即便"需介护"的等级达到重度，无论做什么都需要别人帮忙，通情达理的老年人还是会得到护理人员的尊重。我非常能理解这一点，听到您也这么说，我很开心。

小岛 这些通情达理的老人中，有些人非常了解当前介护保险制度的不合理之处，也很愿意协助我们的工作。

这次介护保险法案修订堪称史上最糟糕的一次修订，关于这个问题，我们后面会专门再谈。之前，为了反对介护保险的不合理修订，我们在国会内举行了集会，当时，我们希望能有老人以当事者的身份谈谈感受。最后，有一位老人勇敢地站出来，在国会内部会议上有力地陈述了自己的经历。他身患进展性罕见病，病情不断恶化，介护级别却被降低了。最近，这位老人在自己家中去世了，他生前一直坚持独居养老。

上野　因为我没有做过介护服务，所以我只能讲讲自己的直觉。我感觉，当你问"老婆婆，您想要什么？"时，能够明确表述自己意愿的老人肯定更好照顾。当你问她"想喝红茶还是咖啡"时，对方回答"红茶"肯定比回答"随便"更好。

小岛　这一点我不太能肯定，我觉得也要看护工或是做护理服务的这个人是什么性格。可能有些护工就希望能和老人建立一种高度默契的关系，不需要对方说太多。

而且，愿意明确表态的老人并不是那么稀少。有些人虽然说话已经不太利索，但还是能很坚定地表达自己的意愿。有些人说话喜欢绕弯子，有些人则直截了当。不过，每个人想做的事情基本都能实现。只是大家的方式各有不同，有些人会像上野老师一样坦率地直奔目标，有些人则会迂回作战，在不知不觉中实现自己的目标。每个人都是不一样的。

要说起来，变成"需介护"老人后，如果无法按照自己的意愿行事，肯定会感到不舒服，会希望对方多少能够满足一下自己的要求。不过，也有些人不是这样的，甚至还有人会认为没能及时察觉到他们的需求是对方的问题。

上野　也有不少老人一直选择隐忍。提到性别因素和代际因素，就会涉及刚才说的"公司化"。团块世代的特点之一是就业率很高，这意味着他们很多人都有职工养老保险，虽然谈不上丰厚，但基本都能领到一定的养老金。这一点就与上一代人截然不同。

尽管团块世代在公司中被称作"没有晋升空间的一代"，但他们在退休之前基本都升到了一定的职级，退休金也没少领。在公司里的做派已经深深刻在了他们的骨子里，因此面对家人和护工时，他们可能会像在公司工作一样发号施令。

小岛　原来如此。这种情况确实很多。说到"公司化"，我听说很多男性在照顾他人时，对待介护工作就像在公司上班一样，定好操作规程和日程表，将用餐量、血压等数据做成图表。如果一直抱着这种心态，那轮到他们自己需要接受介护服务时，会不会认为自己是介护人员的上级，对待对方如同在公司里对下属发号施令一样了啊。

上野 我曾经听说过这样一件事，一位妻子要跟丈夫说些什么时，她丈夫说"你先说结论"。这话让人听了是不是很想反驳一句"你当这里是公司吗？"，这里面除了代际因素，可能还有性别因素的影响。

小岛 反正现在使用介护保险服务的老人中，这样的人还不是很多。我没有什么发言权。这确实很难讲。

结婚率超高的老年人 VS 不婚主义的子女

上野 毕竟现实中还没有发展到这一步，目前我们仍处于预测阶段。另外，团块世代的人还有一个特点，就是无论跟 1920 年代的人还是 1960 年代的人相比，他们的结婚率都较高。

小岛 比他们的上一代人还要高？

上野 因为上一代人经过战争，男人已经所剩无几，因此大量女性一直单身。再加上二战前存在阶级差异，不是所有人都能结婚。累计结婚率[1] 在 20 世纪 60 年代达到顶峰，也就是说，20 世纪 30 年代和 40 年代出生的这一代人结婚率是最高的，团块世代仅次于此。我们这

---

1 累计结婚率是指截至特定年龄的各年龄段结婚率总和。此处是想表达在 20 世纪 60 年代，各个年龄段的人结婚意愿都比较高，而其中 30 代、40 代是适婚年龄，因此，结婚率在各代中最高。

代人终身不婚的比率很低，女性只有 5% 左右。因此，像我这种孤家寡人是非常罕见的。而我们的下一代中，终身不婚者的比例男女都有所上升。

小岛 是啊。据 2021 年的调查数据显示，独身家庭[1]的比例已达到 38%。

上野 团块世代不仅有伴侣，还有孩子。不过他们大多只有两个孩子。

小岛 是的。

上野 他们这代人赶上的口号是"孩子只生两个好"，所以他们的孩子养老负担格外重。而父母对孩子的依赖度又特别高，总觉得孩子不会不管自己。

小岛 没错没错。不过，这种想法可不只这代人才有，更年轻的一代里也有很多人有同样的想法。

上野 更年轻的一代是指多大年纪的人呢？

小岛 50 岁左右。

上野 难怪，50 来岁正是自己的孩子终于长大成人的年纪。团块世代 50 岁左右的调查数据显示，大多数人在回答"将来想和谁住在一起"这个问题时，都选择了"儿子"，这一点令我感到非常惊讶。

小岛 欸？我可不要（笑）。

---

1 单身、离异、丧偶等情况，均被算作独身家庭。

上野 现在他们应该也都改变了想法。首先，有一部分人的儿子并没有步入婚姻。其次，他们的儿子就算结婚了，也要听老婆的意见。而一部分年轻时并没有扮演过儿媳妇角色的老人当了婆婆，应该也不想和儿媳妇一起生活。

小岛 虽然他们结婚率很高，也有自己的孩子，但他们的孩子已不愿结婚。而且现在稳定的工作不好找，这也是一个以前的老人没有遇到过的严重问题。从各种意义上来说，这些老人都将迈入人类历史上对于婚姻、家庭等观念发生巨大转变的时代，这样讲会不会有些夸张？

上野 您说得没错。关于这一点，我们后面再好好聊吧。

第
2
章

压在妻子和女儿肩头的重担

烦死了！这些男人为何总是提出无理要求?!

上野 介护问题中，最重要的主题是临终时刻，也就是"人生该如何落幕"。综合各种调查数据来看，希望"在自己家里度过最后时刻"的人占 50%。剩下的人里有 30% 虽然希望"在自己家里度过最后时刻"，但由于"不想给家人添麻烦"，不得不放弃自己的想法，"只好去养护机构或医院度过临终时刻"。此前提到过的《续·全共斗白皮书》一书中的问卷调查结果显示，希望居家临终的人也占 50%（参见图 10），而选择"不清楚""其他"或"没有回答"的人共计 25%，这些人可能现在还没有决定好，也不知道自己今后会做出怎样的决定。这个数据与面向所有群体进行的调查数据基本一致。

有一点我感到很不可思议，通常人们在考虑临终场所时应该会首先想到特殊老年护理院等福利设施或带护理服

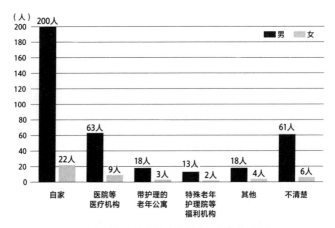

图 10　你希望在什么地方度过自己的临终时刻？

资料来源：《续·全共斗白皮书》（情况出版社 2019 年）。

务的老年公寓，但在 400 多名受访者中，选择福利设施的男性占比为 3.9%，女性占比为 4.3%；选择老年公寓的男性占比为 4.8%，女性占比为 6.5%，人数都较少。大家都讨厌福利设施，这一点我能理解，但没想到选择老年公寓的人也很少。很多人选择了"医院等医疗机构"，男性占比为 16.9%，女性占比为 19.6%。可能大家都觉得自己可以尽量坚持在家中生活，直到最后一刻才被抬进医院里死去。

小岛　没错。人们通常倾向于认为"终末疾病"是指癌症或心脏病之类的可以预测患者生存前景的疾病。其实现在癌症患者如果进入无法治疗的阶段，也会面临回家还是去姑息治疗病房（相当于临终关怀）的选择。最近，我认识的一个朋友在医院陪伴癌症晚期的至亲时，被医生告知对方已经无法继续进行有效的治疗，并要求他们出院。他大吃一惊，没想到医院会在这种状态下把他们赶出去。他以前肯定听说过，如果无法继续治疗就只能出院，或是转去姑息治疗病房的事情，只是没想到这种事情会发生在自己身上。

上野　事实上，如果问他们你是在哪里送走自己父母的，大部分人的回答都是在医院。在这些人的脑海里已经深深地刻下了"死就要死在医院里"这种印象。选择"居家临终"这一选项的人中，男性为53.6%，女性为47.8%，男女之间的差异很小。男性之所以选择居家，可能是认为"伴侣会照顾自己到最后"。而虽然女性并不认为伴侣会承担介护工作，居家临终会较为困难，但依然有不少人选择"居家临终"这一选项。虽然这里能看出一定的男女差异，但在统计学上来看，差异并不显著。

不过，选择福利设施的人为什么这么少呢？如果加一个"收费养老院"的选项，结果会有什么不同吗？

小岛　大家可能还不太了解老年公寓与收费养老院的区别吧？

上野　应该是这样的。另外，在问卷调查中，关于"你希望在什么地方度过自己的临终时刻"，一些回答也让我感到有些好奇。与其他问题相比，这一题选择"其他"的人要多很多。为什么会这样呢？我想象了一下，会不会是因为这些原全共斗的大叔们脑海里还幻想着自己能"横尸荒野"？于是，我就去跟主办方确认了一下，果然被我猜中了。

选择"其他"的男性共有18位，据说，其中有三位想要"横尸荒野"，他们分别希望死在"海里""山中小屋"和"街头"，其余的答案还包括"看情形""只能顺其自然""无所谓"等等。

小岛 前面我也说过，他们对死亡缺乏真正的感知。他们自出生以来只在医院里见过死亡，他们只见过那种被一堆医疗器械和一群医生护士围在中间的死亡。他们没有体验过如何护理老人，或者说他们被剥夺了这种体验的机会。以前，老人在家中去世是理所当然的，那时候，大家都会了解一些关于死亡的常识，比如到了这种状态还能再活几天等等。而如今，当人们已经失去了这些体验与常识后，却迎来了超老龄多死亡社会。虽然他们可能不会像之前提到过的那位男士那样，嘴上说着"我要在家里为母亲送终"，结果到了关键时刻却选择逃避，但他们尽管也想提供一个理想的或是符合社会期待的答案，却对现实一无所知而导致行为偏离目标。虽说对死亡的认知需要积累实际经验，但别人过世时又不好直接上门去打扰，究竟该怎么办才好呢？

上野 "横尸荒野"这种答案就是如此。貌似是"男人的浪漫"，其实只不过是那个年代的大叔们的一种幻想。我去石垣岛的时候，听说有些年迈的单身男士想要移居到那里。

小岛 那可麻烦了。

上野 是不是？那些人既不和左邻右舍来往，也不会融入当地社会，可当他们需要介护服务时，又要使用健康保险和介护保险。据说配给他们的介护经理[1]都十分富有同情心，会一直照顾他们到生命的最后一刻。而且，他们还不让人在自己死后联系自己的家人。有的说就算联系了，家人也不会来领取遗骨，还有的联系完家人后，会被要求将遗骨快递过去。

据当地的上门护士讲，这样的人现在越来越多，已经不算个例了，她们被折腾得焦头烂额。

小岛 这些人的年龄要比团块世代更大一些吧？

上野 是的。这样的大叔今后会越来越多。

1　介护经理：care manager，这是伴随介护保险制度诞生的一个新职业，主要的工作内容是在介护保险额度范围内，为老人量身定制最合适的护理计划。

小岛 哎呀，这可真是不好办啊。我们做介护服务这一行的，就怕这些大叔提一些介护保险无法覆盖的要求。

我来讲一件前不久刚发生的事情。有一位老人，已经决定要送去安宁疗护了，可就在送走的前一天，护工发现老人已经开始下颌式呼吸。于是护工马上跟我们办公室联系。距离老人最近的是他的外甥，居住地距离老人的家大约2小时的路程。上门护士和上门医生都不肯过去，他们都表示"现在已经无能为力了"。可我们又不能把老人放在那儿不管，于是我们这儿上门介护部门的负责人与介护经理（当时也是我们机构的员工）就赶过去送了老人最后一程。之后我们联系老人的亲属，他们说只能第二天一早过来。当时天气很热，无法将遗体放置过夜，于是介护经理又联系了殡仪馆，请他们将遗体安置在殡仪馆的停尸房。后来我们反思过，因为没想到老人会在家中去世，所以准备得不够充分，可这应该是介护经理的工作吗？当然，我们也无处去领报酬。护士做"临终关怀"是明码标价的，而我们却不是。

谁来照顾我？当然是老婆啊！

上野 让我们言归正传。刚才我也介绍过，《续·全共斗白皮书》中的调查结果显示，400 位男性中正在使用介护保险的只有 3%，46 位女性中仅有 2.2% 的人正在使用介护保险，人数非常少（参见图 8）。关于这一点，小岛女士，您怎么看？

小岛 团块世代的男性结婚率很高，而且妻子们大多是家庭主妇，最多只会做一份零工。从这份问卷的调查结果可以看到，当那些男性需要介护服务时，首先想到的就是自己的妻子。没想到他们竟然这么依赖自己的妻子。当他们失去这个依赖对象时，选择养护机构的概率应该就会增加了。

当我们把介护看作一种社会资源时，由于这种资源是有限的，如果需要介护的对象能有家人照顾，不需要使用社会介护资源时，那就相当于减少了这部分资源的消耗。虽然这种想法有些不正确，但如果能够依赖自己的妻子，不使用介护保险的服务资源，那至少可以节省部分的介护保险开支。也就是说结婚的人越多，使用社会介护的人越少。

上野 这代人不仅结婚率高，而且婚姻都很稳定，虽然夫妻关系说不上有多亲密，但晚年离婚的现象并没有预期的那么多。今后恐怕也不会再增多。

之所以会这样，是因为各种制度都在不约而同地维护着妻子们的权力地位。比如，遗属养老金[1]妻子占四分之三，遗产妻子占一半，同时法律还保障妻子的居住权。由于妻子的权利得到了充分保护，所以大家都很清楚，晚年离婚是不划算的。

另外，这代人夫妻间的年龄差距比较小。

也就是说，他们很可能会同时进入"需介护"状态，而且还是"老老介护"。在这种情况下，不能因为他们有伴侣照顾就不使用介护保险，而应在使用介护保险的基础上搭配家庭介护。那些照顾过自己父母的人基本上都有使用介护保险的经验，等轮到他们自己需要介护时，使用介护保险可能就会变成一个默认的选项。

这一点与介护保险制度成立之前有很大不同。现在的问题是，等到他们自己需要介护保险时，这个制度是否还能发挥作用。

小岛 也就是说，介护保险是否能够正常运作十分关键。

上野 是的。现在的老人大多是老两口住在一起，不跟孩子同住已是一种常态。就算他们想跟儿子一起住，儿媳妇也不会同意。我们这代人算是经历了一个婆婆与儿

---

1 遗属养老金：缴纳养老保险的被保人去世后，无独立经济来源的配偶和子女可继续领取相应的养老金。

媳妇相处模式由传统走向新时代的过渡期。我们基本上没有扮演过儿媳妇的角色。因为自己没做过儿媳妇，也就不会期待儿媳妇为自己做什么。在这一点上，我觉得女性已经发生了很大的改变。

小岛　介护保险刚推出时，团块世代作为子女了解了如何使用这种保险，当时的保险制度要比现在方便很多。如今，虽然介护保险的使用限制越来越严，情况和那时已经完全不可同日而语，不过了解过保险制度的人肯定会坚持维护自己的权益。有些坚持是好的，但我也遇到过不少人，过度解读文件，坚持认为自己可以这样使用保险，结果令介护服务机构十分为难。

比如，他们一厢情愿地认为小型多功能机构可以提供任何他们想要的服务。有的人要求机构每天提供就医的接送服务，而他要去的那个医院单程就需要一个半小时，还有的人要求一天提供六七次上门服务。即使你跟他们反复解释提供这些服务的人员需要同时服务不止一个对象，我们无法满足这种要求，他们也无法理解。等到这些人变成"需介护"的当事者，不知又会出现什么情况。我感觉，一知半解就想充分利用这个制度，恐怕是要碰壁的。

上野　但他们毕竟曾经使用过介护保险，权利意识还是很强的。同为团块世代，我比较了解的只是一些高学历者的情况。随着高等教育普及的浪潮持续推进，高学历者的子女一个个也都变成了高学历者。如今，两代人分开居住已成为常态，这种分开不单单指跨省跨县，还有可能远隔重洋。同时，父母这一代的阶层差异会影响下一代。从团块二代开始，就已经出现了"拼爹"现象。

小岛 是啊，就已经开始了。

上野 因此，他们不仅无法期待子女能做些什么，而且就算真的需要依靠子女，也只能依靠自己的直系子女，也就是说儿媳妇已不再是介护的主角，他们现在只能找自己的亲生儿子或女儿帮忙。

小岛 确实有这种倾向。我听说过一个例子，这对夫妇都是独生子女，为了解决父母的养老问题，他们商量后决定各自负责各自父母的养老。如果夫妻俩的年龄非常接近，那他们父母的年龄大概率也非常接近，这样一来，双方父母就会在同一时期遇到介护问题。他们俩便商量好自己的父母自己负责，这才渡过难关。不能说你是儿媳妇，就必须去照顾公公婆婆。

上野 现在已经有人提议，希望能将介护假[1]的条件限定为直

---

1 介护假：日本法律规定，家中每有一位需介护的家庭成员，包括父母、配偶、子女、兄弟姐妹、祖父母、孙子孙女、配偶的父母等，一年可请 5 日介护假。

系血亲。另外，经济能力也是一个很重要的因素。就算夫妇俩都有职工养老保险，如果两人同时进入"需介护"状态，也会面临很大困难。如果两人想分别入住不同的养护机构，从经济上来说是很难实现的。

小岛 是的。这是不可能的。最近经常有人问我，有没有什么便宜点的机构能够同时接收一对超老龄的夫妇。这是一个巨大的难题。因为这需要很大一笔资金。以收费养老院为例，一位"需介护"级别达到三级的老人每个月至少需要 20 万日元。

上野 如果夫妻双方只有一人达到"需介护"程度，另一人还很健康，那么一位入住养护机构，另一位继续居家养老，经济上是可以支持下去的，但如果夫妻双方都达到"需介护"程度，那我们目前的养老金水平还不足以提供完全的支持。而且现在的子女也不怎么按月给父母钱了。

小岛 父母也不怎么指望从孩子那儿拿钱了吧。

上野 拿钱的父母是越来越少。不过，团块世代还是会按月给父母打钱的。由于有了养老保险制度，父母们已经不再需要孩子按月给钱，不过，有不少老年人的晚年收入完全来自国民养老保险。这也是造成当前老年人贫困问题的主要原因。政府当初可能也没想到，会有这么多老人没有存款，生活费百分之百地依靠养老保险。

小岛　是啊。当初他们设立国民养老保险时，可能认为第一产业，比如农业的从业者，是有能力保证自己有足够的食物满足基本生活需求的。

上野　他们本以为养老金不过是给老人发点零花钱而已，根本没想到如今会出现这么多只能依靠养老金生活的老人。

小岛　现实生活中很多贫困老人的收入来源只有基础养老金，而且几乎没什么存款。

上野　只靠国民养老保险度日的老人，生活水平通常低于最低生活保障标准。

小岛　这是个很严峻的问题。说句老实话，做我们这行的，如果遇到领低保的老人，反而会松一口气。

上野　您说得没错。老人们对领低保会有强烈的抵触心理吗？

小岛　嗯，因人而异吧。

上野　如果权利意识比较强，领取低保的老人比例会增加吗？还是说，大家以前都有一种中产意识，所以对领低保比较抵触？

小岛　这我就不太清楚了。有些人会在申请介护保险的同时申请领取低保，这种情况是有的，如果能办下来，应该算是很幸运的。

其实能想到同时领取低保还算是好的，要知道，有些人根本想不到这一步，他们甚至没想过自己可以使用介护保险。现在有一些人对自己基本上是一种放任自流的态度，因为没钱，他们根本就不去申请介护保险的服务。

上野 也就是说，他们不是对接受社会福利感到抵触，而是由于一种无力感而自我放任，什么也不做，什么也不想。

小岛 两者都有吧。有些人认为政府是不会管他们的，或者说他们觉得自己没有这种资格，这种人不在少数。还有些人可能一开始就认为保险什么的根本就是不可靠的东西。介护保险推出大约过了 10 年，我在做电话咨询时，还碰到有人说"我也想加入介护保险"，我会告诉他，"别担心，你已经加入这个保险了"。

我希望每个人身边都有好心人为他们提供指导和帮助，为他们做些什么。

上野 申请介护保险的同时如果也能申领低保，的确是非常幸运的事情。

最后，每个人都需要被照顾

小岛 制度问题自不必说，我最担心的是人们对于老年，尤其是 90 岁以上的超老年时期并没有一个清醒的认知。用您的话来讲，他们对老年的印象完全是一种幻想。

我担心这会在未来导致悲剧，让我们就这一点好好聊一聊吧。

上野 好的，请您先谈一谈您的看法。

小岛 最近，"延长健康寿命"这个概念被频频提及。人们的健康寿命的确有所增长，健康寿命与实际寿命之间的差距也缩小了一些。尽管如此，女性还是要面临将近12年的非健康阶段，男性则是8年左右。大家现在还没有认识到，非健康阶段的时间相当漫长。人们普遍认为，临终一刻，他们会像罹患癌症一样突然逝去，但如今，老年人的死亡原因越来越多地与痴呆症或衰老等问题联系在一起，而非心脏病或癌症。人们似乎并没有关注这一点。我认为这实际上是政策的问题，政策过于乐观地强调"延长健康寿命"，从而导致大家忽略了这一问题。

我认为人们应该更切实地认识到"非健康年龄阶段"所面临的挑战，只有这样才能更好地理解现实中的问题。如何才能让大家达成这种共识呢？

上野 您说得太对了。"延长健康寿命"就是一种假象。

小岛 毫无意义吧？

上野 健康寿命延长了，人的实际寿命不也会随之延长吗？终点又不是固定的，不是说健康寿命延长了，"需介护"的时间就会缩短。

如今，老龄阶段变得越来越漫长，这不仅仅是日本的问题，对于整个人类来说，这都是前所未有的经历。人类这种动物马上就要活到寿命的极限了，据说人类寿命的极限是 110 岁或 150 岁。我们所经历的这一切都是前所未闻的。当今的老年人对于即将到来的老龄阶段毫无准备。

小岛 没错，完全没有参考样本。

上野 那些老人尚未做好准备便迈入了老龄阶段，晚景十分凄凉。而团块世代正在目睹这一切的发生。

小岛 没错，真希望他们能睁大眼睛好好看一看。

上野 我本来希望他们在目睹了这种晚年景象之后能够代入自己好好思考一下，没想到他们却盲目乐观地说什么"PPK[1]""最好能突然死亡"或是"想要横尸荒野"。造成这种认知的原因主要有两个，一是他们为了逃避现实而停止了思考，二则源于他们的年龄歧视[2]。团块世代大多发迹于经济高速成长期，他们对生产力的信

---

1 PPK：日语ピンピンコロリ的缩写，意为"活得精彩，死得痛快"，强调不卧床、不生病，尽量健康地生活到最后一刻。
2 年龄歧视（ageism、agism）：指对年龄的偏见、成见以及由此引发的对年龄的歧视。在美国，年龄歧视通常是指对老年人的歧视和偏见，而在日本，年龄歧视不仅仅针对老年人，对年轻人和女性也存在着因年龄或资历而进行歧视、轻视的现象。日本企业中论资排辈的人事管理制度也是其表现之一。——原书注。

仰，或者说他们对无用之人的歧视可谓根深蒂固。我想请教您一个问题，假如由于中风而残疾，是不是可以申请残疾证？我听说，有时即使你建议他们去申请，患者本人和他的家人也会拒绝，对此，您有什么看法？

小岛 确实，有时可能需要很耐心地解释，才能让他们明白残疾证有很多益处。痴呆症原本属于精神科，现在之所以改名为"健忘门诊"，可能就是因为大家对"精神科"这个词十分抵触，而换个名字听上去会更柔和。有一位女士，她丈夫患了青年痴呆症，在谈到她丈夫时，她说，"为什么痴呆症要看精神科？我老公得的又不是精神病"，这种发言令我感到十分讶异。

上野 这些人之所以如此抗拒，是因为他们"不想与那些人为伍"。通过与残疾人接触，我深刻地体会到残疾人与老年人之间横亘着高高的壁垒。

目标是更好的老年生活

小岛 没错。如果能把这个壁垒稍微降低一些，世界会变得更美好。因此，每当我受邀参加面向老年人举办的讲座，我总会先问他们一个问题 —— "你们认为车站里的电梯是因为谁安装的？"

"安装电梯运动"期间，我曾陪一位坐轮椅的朋友去过车站。这些残障人士真是不惜性命去争取，才迫使车站安装上电梯。如今的老年人很多根本不知道这段历史。其实，包括介护保险、自立支援[1]等制度在内，我们生活中的很多东西都建立在残疾人努力奋斗的基础之上，我们应该意识到他们付出的艰辛努力，这是我想在这本书中特别强调的一点。

上野 是真正意义上的拼命啊。

小岛 真的是拼尽全力。有些人为了争取出行自由，不惜豁出自己的性命，最后成功推动了车站内电梯的安装和无障碍公交车的出现。多亏了这些人的努力，如今我们才能如此方便地乘坐电车和公交车。团块世代或许觉得自己一直顺风顺水，但我希望他们能够意识到，今后我们将生活在那些残疾人用自己的努力换来的更加舒适的生活环境中，我们要感激他们所创造的一切。

上野 没错。我现在正在提倡"反年龄歧视"，我们年轻时歧视老人、歧视残疾人的态度如今正报应在我们身上。尤其是男性，感觉似乎更加明显。在这一点上，我很庆幸自己是一名女性。怎么说呢，我们成为弱者的门

1　日本的自立支援医疗制度是一项帮助需要精神疾病治疗的患者减轻医疗费用负担的制度。类似中国的"精神疾病门诊医疗保障制度"。

槛更低。有时候，看到那些不自觉就抬高了群体准入门槛的大叔们，我真想说"你们这就是自作自受"。

小岛 没错，没错（笑）。

上野 真是太可悲了。

小岛 又不能抛下他们不管（笑）。我是通过与残疾人接触才逐步进入介护行业，所以我们现在也提供残疾人需要的服务。

上野 原来如此。根据我的观察，从事过残疾人福利事业的人转入介护行业后，的确更了解情况，处理事务也更灵活。

小岛 也许是吧。如果只接触老年人，视野真的会变得很狭窄。我认为比较有代表性的例子就是津久井山百合园事件[1]发生时，整个老年人介护行业的反应都非常迟钝。

上野 的确如此。残疾人介护行业的人不太了解老年人介护行业的情况，老年人介护行业的人似乎也对残疾人介护行业毫不关心。

小岛 是这样的。我从十几年前就开始给周围的残疾人发信息，提醒他们注意关注介护保险的变化。如果对此一

1　津久井山百合园事件是指 2016 年发生在日本神奈川县的一起重大社会事件。津久井山百合园是一家照顾患有痴呆症等精神疾病的老人为主的养老院，在该事件中，前员工植松圣（26 岁）袭击了养老院中的老年患者，导致 19 人死亡，多人受伤。

无所知，他们将来的日子肯定不会好过。

上野 刚开始设立介护保险时，曾有人提出要将老年人和残疾人的介护整合在一起。虽然这个理念是正确的，但残疾人介护行业的从业者为了捍卫他们的权益，坚决反对这个提议。最终，他们成功了。这也无可厚非。

小岛 是的。但事情并没有那么简单。

上野 结果，后来就没有人再提整合这件事了。

小岛 没错。介护保险自己的问题实在太大了，想要再提出整合越来越困难。

上野 老年人自己并不了解这些情况。

小岛 即便在介护行业中，老年人与残疾人之间也存在着明显的隔阂。就算同时从事这两方面的工作，也不能说对所有情况都完全了解。

上野 我一直认为，残疾人积累的智慧与经验是老年社会的一笔财富。

我给你讲一个有意思的故事。老年人不是会越来越耳背嘛，据说在养老院里，两位原本就有听觉障碍的老婆婆一边用手语聊天，一边哈哈大笑。而又耳背又不会手语的老婆婆就只能在一旁羡慕地干看着。没想到还会有这种事，真让我感慨万千。

小岛 我现在也很后悔，应该早点学会手语才对，现在都一把年纪了。

上野　我刚听到这个故事时也是这么想的。

小岛　事实上，如今我们能够乘坐低底盘巴士，能够在有电梯的车站里乘坐电车，这些都是半个世纪前残疾人冒着生命危险，无惧可怕的歧视，不断呼吁才取得的成果。我希望人们能够先了解这一点，再谈介护问题。特别是未来的老年人，我真心希望他们能够了解这一点。因为目前看来几乎没有人知道这一切。

上野　明明是和他们同时代发生的事情。

小岛　是的，他们完全不了解。

上野　是不是因为他们之前对此一直漠不关心？那些老人听您讲完以后有什么反应呢？

小岛　他们都非常吃惊，"哎呀，原来是这样的啊"。就是感到非常惊讶。

　　　还有一点，让人感到震惊的是，老年人，或者说绝大部分人对津久井山百合园事件的反应都很迟钝，虽然这件事距离现在已经过去一段时间了。

　　　在这一事件发生之前不久，川崎的一家收费养老院也发生了一起杀人事件，一位养老院的工作人员杀死了三名入住的老人。由于老人都是摔死的，所以前两次都被警方当作意外事故处理了，直到第三起案件发生后，前来救援的消防员说了一句"这事故率也太高了吧"，才被立案侦查。一审时犯人被判处死刑。但可怕的是，这起案件并没有得到广泛的报道。毫无抵抗能力的老年人在本应受到保护的养老院里惨遭杀害，却没有引起足够的关注，这与那种认为残疾人是累赘，死掉也无所谓的逻辑，从某种程度上来说是十分相似的。这一点非常可怕。最近不是还有一位年轻的经济学家在鼓吹什么老年人集体自杀嘛。

有些人的想法怎么如此肤浅?!

小岛 我们机构现在的介护服务对象主要是患有痴呆症的老人，因此当涉及痴呆症的恶性事件发生，看到有人从社会层面讨论介护行业存在的问题时，我其实感觉到了一丝希望。因为谁也不能保证自己以后不会面临同样的状况，所以我曾期待可以以此为契机，让社会大众更认真地面对这一问题，设身处地地想一想如果自己患病会怎样。但结果并未如我所愿。

上野 关于这一点，我的意见跟您完全一致，百分之百一致。为什么我一直在说，"老龄社会是一种恩典"，就是因为变老这件事对所有人都是平等的。

男性不需要担心自己会变成女性，所以可以满不在乎地歧视女性；健康人总觉得自己不太可能变成残疾人，所以可以歧视残疾人。然而，随着年岁渐长，每个人都会变成后天性残疾人。这个时代已经来临，我们谁都躲不掉。我把它称作一种恩典，其实是出自同样的想法。然而有些人只想逃避，想躲起来，不想面对他们终将面对的现实。说什么"在变成那样之前，宁愿早点离开这个世界""想在变成老年痴呆之前死去""希望给想死的人死的权利"。这就是他们。

小岛　真的是这样。我觉得这些人的想法十分肤浅，或者说，缺乏人生哲学。他们认为自己可以逃避衰老和疾病，始终保持健康。但我想说的是，他们觉得这样的人生充实吗？至少对于"寻求团结"的这一代人来说，即便你们在过往的人生中没有关心过残疾人，但希望你们今后可以思考一下、关心一下他们，让自己的余生更加丰富充实。

上野　我经常会提到一件很有意思的事，在一次关于老龄社会的研讨会上，一位经济学家谈到了他理想的死亡方式。我仔细一听，他说的是希望有一天能够在高尔夫球场上猝然而逝。

小岛　欸，是吗（笑）？

上野　那可是在专门研究老龄社会的研讨会上的发言啊，就等于在所有人面前公然宣称"我不想看到自己变老，不想看，不想听，也不想思考"。这位大叔是新自由主义派的经济学家，也是政府委员。

小岛 由这样的人担任委员，难怪社会保障工作不见任何起色。我们必须认真面对衰老，严肃面对残障。当然我能理解大家不想变老的心理，但我们最终都会变成那样，还是要坦然面对现实。我们必须趁现在大声呼吁，因为未来老人会越来越多。我们必须学会直面自己的痛苦，勇敢地说出"尽管会给你们添很多麻烦，但我会坚强地活到最后"，只有这样才是值得尊敬的。

有些男人从来不会照顾亲人

上野 有些男人从来没有亲眼见过自己的亲人衰老后究竟是什么状况。他们的父亲年迈时，是由母亲负责照顾的，等他们的母亲需要人照顾时，要么是女儿或儿媳妇负责，要么就送进养老院，他们自己等于完全免责了。

我真希望大叔们都能有机会看看，过去那么强硬的大家长如何逐渐变成了屠弱的老头儿，我希望他们也能亲自参与到老人的介护工作中来。

还有，老人得了痴呆症以后，家人就不会再让他露面。我们学界也是如此，有很多著名学者已经得了老年痴呆，患病后，他们的家人就不让他们继续在社会上抛头露面。即使请求会面，他们也不会答应。

小岛 不同意见面……

上野 我认为，这些不断面向社会表达意见的人有义务向社会大众展示自己衰老后的状态，哪怕他们的老态令人感到意外。

小岛 我同意。

上野 像上面说的，他们一直被隔离在社会之外，过了几年，讣告一出，大家都会感到惊讶，"咦，原来他之前一直活着呢？"他们在去世前经历过什么？他们是如何衰老的？无论是他本人还是他的家人，都有权利也有义务将这些展示给社会大众。从这一点来看，将自己的老年痴呆勇敢展现出来的长谷川和夫先生非常令人尊敬。他的家人也很了不起。

小岛 真的很了不起。作为日本痴呆症研究的第一人，长谷川老师很早以前就说过，"如果我变成了老年痴呆，我也一定会进行详细的观察"，他确实做到了。NHK制作的那档特别节目《痴呆症第一权威身患痴呆症》（2020 年 1 月 11 日）播出时，据说长谷川老师的主治医生由于压力太大，曾经要求停止播放，最后还是在长谷川老师本人的强烈要求下才播出的。那是一份很宝贵的记录。在接受《读卖新闻》的采访时，记者问他，"得了老年痴呆，您是不是很难受？"他回答说，"这是没办法的事，我都已经 85 岁了。"他一直是一位很稳重的绅士。我以后要是也变成老年痴呆，到时候，我也要详细观察，并向大家认真汇报。

上野 在长谷川先生之前，我还有一位很尊敬的老师，就是已经过世的多田富雄先生[1]。尽管他中风后出现了肢体麻痹的症状，但仍坐着轮椅出现在各种公共场合，该做什么做什么，态度非常认真。他时常问我一个问题，"上野，如果你以后变成我这副样子，你也愿意继续抛头露面吗？"

小岛 这有什么愿意不愿意的。该来的总会来，坦然面对呗。

上野 是的，我每次都告诉他，我也愿意。

小岛 我讲一件就发生在我们机构的事情。有一位刚参加工作的员工，主要负责 Group home 的介护工作，当时，有一位入住的老人病情发展很快，已经无法通过对话进行交流，在谈到这位老人时，他说，"我很尊敬那个人。"我非常惊讶，因为那时他们才认识没多久。

那位老人在 Group home 里病情发展得最快，其他人有时会欺负他。据说，遇到这种情况时，老人总是态度坚定。他虽然无法说话，却能用态度表达自己的想

---

1 多田富雄：东京大学名誉教授，国际著名免疫学专家，创作了大量随笔与能剧。他曾经因中风倒下，半身不遂，失去了自由言语和进食的能力，不过，作为一名科学家，他接受了自己的疾病。他说："康复训练是一门科学，是一种创造性的活动。"他只能用左手操作电脑，但仍坚持著书立说，并领导了反对康复期缩短的抗议签名活动。——原书注。

法。那位新员工说，他觉得这位老人肯定一辈子都在用这种坚定的态度生活。

上野　哇噢……年轻人居然能有这么敏锐的感知力。

小岛　我听他讲述时就在想，"啊，虽然这位老人的病情已经十分严重，但能有一个这么懂他的员工陪在身边，他还是很幸运的。"有不少从事介护服务的员工说，看到痴呆症患者努力生活的样子，自己都受到了鼓舞。

上野　是这样的。真希望大家都能好好对待他们。这就是为什么我不想让那些完全不了解一线情况的人去制定政策。

小岛　真是不想让那些对现实漠不关心的人去制定政策。

上野　他们可能以为自己能躲过这一劫吧。

小岛　不过，最近我听到一些厚生劳动省或经济产业省负责制定政策的年轻人跟我说，"我的亲戚正在使用介护保险。"我很想问问他们，是不是也在帮忙照顾自己的亲人，但因为不是聊天的场合，话到嘴边又忍住了。我感觉这些制定政策的人虽然也在使用介护保险，但其实了解得并不多。

难道只是女儿有照顾亲人的义务吗？

上野　让我对我们现在的亲子关系感到不解的一点是，当一对老年夫妻选择不依靠孩子，由妻子来照顾丈夫时，他们常常会说这是因为不想拖累自己的孩子。对此我完全不能理解。又不是让未成年的孩子照顾自己的父母，他们早已长大成人，又是亲生的孩子，为什么会这样想呢？

当被问到自己一生中在什么事情上花费的时间和精力最多时，几乎所有女性都会回答"育儿"。让子女背负他们难以承受的重压肯定是不对的，但交给子女一些他们能力范围内的任务又有什么问题呢？我真搞不明白。

小岛 家庭关系确实非常奇妙，外人往往难以理解。我父亲去世的时候 76 岁，并没有经历太久的疾病折磨。我们最后去医院陪护时，我母亲跟我说"S 子（我妹妹）太可怜了，还是别叫她了，就咱俩来吧"。可我妹妹当时已经 40 多岁了。

可能对于父母来说，不管什么时候，家里最小的那个孩子永远是小孩子。当时我也赞成了母亲的意见，但我妹妹自己说"我没问题"，也过来陪了床。几乎是在同一时期，我有一个 50 岁的表哥，他父亲也快不行了，后来他告诉我，同为家里的老幺，家里人也跟他说过同样的话，不过他没答应，他说"我也要去照顾父亲"。

在家庭关系中似乎有一条无形的定律，无论什么时候，孩子永远是孩子，最小的孩子永远是小孩。

上野　可能就是这个原因。确实挺不可思议的，父母总说不想拖累孩子，但如果一定需要孩子照顾，他们又说，那让大女儿来就好了。难道照顾老人只是长女的义务吗？

小岛　没错。不过我母亲在最后一段时间是我妹妹照顾的。因为我当时太忙了，实在没有时间。

上野　过去，很多父母都说，自己吃过的苦不想让子女再吃一遍。每次听到这种话，我都会问他们，"你们介护老人的时候是在介护保险出台前还是出台后？"在介护保险出现之前，照看老人的确是一个难以背负的重担，很可能会把人压垮，可如今有了介护保险，这个重担已经被分担了不少，子女只需负担自己能力范围之内的事情就好了。如果父母一直健健康康，从来没有被子女照护过就去世了，对于子女来说，可能反而会留下遗憾。

小岛　即便不是父母，突然失去一个生命中重要的人也是一种痛苦的经历。"他走的时候一点儿罪都没遭，挺好的。"我们常常试图用这样的话来安慰自己。据入户经验丰富的医生讲，有些子女自从老人需要介护服务就没怎么关心过他们，但等到老人快不行了，又非要医生做一些无益的延命治疗。或许是因为他们发现自己之前没有好好照顾老人，所以产生了负罪感。其实介护保险就是为了避免大家在最后送别老人时产生这种痛苦心理，所以，我希望每个人都能积极地使用介护保险。

上野 父母去世后，子女最好能同时体验到两种情绪，一种是悲伤，另一种是解脱。老人活得久一点其实是为了子女好。

小岛 没错。从某种意义上来说，父母可以给孩子们做一个很好的示范。让他们知道未来自己临终时，最后一刻该如何面对自己的孩子们。

上野 您说得太对了。在这些方面，我百分之百同意您的意见。

小岛 我们在这些方面的想法很一致啊（笑）。使用介护服务后，负担会比以前小很多。

上野 我们的意见真是一致。感觉就是听您用不同的语句将我的意见完全表达出来。

由于我独居，所以很多人误以为我跟家人断绝了关系，选择了一种完全不依靠他人，只靠自己的生活方式。因此，当他们听到我说"父母可以在子女的能力范围内尽可能地依赖子女"时，都感到非常惊讶。

小岛 对子女来说，父母毕竟是父母，如果什么都不管，以后反而会感到痛苦。

上野　还有人说什么"痛痛快快地走是对孩子最大的体谅"。

小岛　我感觉我的孩子心里好像觉得，妈妈你是做这行的，你自己的事情肯定能自己安排好（笑）。

上野　不不，您的孩子肯定会好好照顾您的。

小岛　谁知道呢（笑）。

上野　我并不是说现在的家庭都已经解体了。团块世代都有自己的家庭，绝大部分人都有子女。我们是在这个前提下讨论问题的。他们即便独居，肯定也有家人生活在远方。完全没有家累的人非常少见，当然以后这样的人可能会越来越多。

第
3
章

满怀养老之忧的年轻人

低工资 + 高消费 = 存不下养老钱

小岛 刚才我们主要讨论了"2025年问题"，两年后，到了2025年，所有团块世代都将成为高龄老年人。事实上，团块世代的子女，也就是团块二代们现在的处境更为严峻。当大部分团块世代到了80岁，进入"需介护"的状态时，负责照顾他们的团块二代都已经50岁了，这就是所谓的"8050问题"，对此，上野老师能不能开出什么好的药方？

上野 团块世代未来的日子怎么说都是有迹可循的，但要问我团块二代以后会怎样，我一直比较悲观，"太可怕了，我实在不敢想"。

小岛 的确是这样。不过也不能永远不面对这个问题吧。

上野 我总是跟40来岁的人说，"你们才是当事者"。而且，"你们是所有日本人中最远离政治、最愤世嫉俗的一代。现在轮到你们付出代价了"。

小岛 我们 NPO 的员工里也有很多团块二代，尽管他们一直在努力工作，薪水却很低。面对他们，我无法这么冷酷无情。

上野 团块二代自己一定要有主体意识。介护保险制度是团块世代努力了十年才建立起来的。团块二代也应该努力寻找与之相匹敌的替代方案。他们一定要有这个能力。

介护保险是团块世代在自己即将迎来介护期时推出的，而团块二代所面临的问题不是介护保险，而是养老保险。虽然介护保险本身也问题重重，但只要有购买力，这些问题就不算什么。

我这里有一个非常恐怖的数据，是关于团块二代的。这个数据来自我们刚才看的《男女共同参画社会白皮书》2022 年版（参见图 11）。

这个调查做得非常仔细。从数据看，1975 年至 1985 年出生的就职冰河期世代的非正式雇佣率确实比上一代要高。尤其是女性，非正式雇佣率几乎是男性的两倍。而且大部分非正式雇佣都是"非自愿的"（参见图 12、图 13）。

小岛 她们别无选择……

上野 可怕的是，之后这一情况也未能得到改善。比这代人年轻的一代依然面临着同样的问题。从学校毕业进入

图 11 《男女共同参画社会白皮书》2022 年版

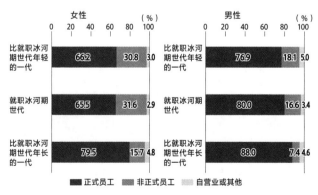

图 12 首份工作的雇佣形式（按代际划分）

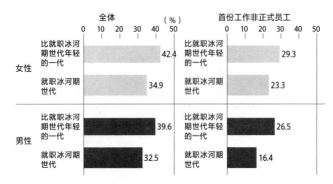

图 13 对工作的满意度（是否符合您的期望）

注：图中数据为"符合期望"与"基本符合期望"的累计值。

工作和父母，只能二选一

上野 他们这一代正好赶上新自由主义改革，什么都是自己决定、自己负责，因此一旦出了问题，就只能怪自己。另外，这个年龄段的人也是最担心养老问题的（参见图 14）。

而政府在制造出如此多的非正式员工后，仍放任这种状态持续，结果就是几十年来这个问题丝毫没有得到改善。

近 30 年来，非正式雇佣率一直不断增长。所有就业者中，非正式员工大约占 40%，其中有 70% 为女性。从性别比例来看，20% 的男性和近 60% 的女性均是非正

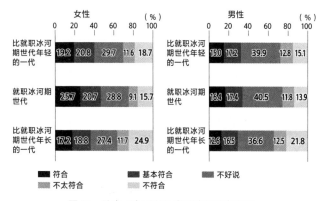

女性　　　　　　　（%）　　　　　　男性　　　　　　　（%）

	符合	基本符合	不好说	不太符合	不符合
比就职冰河期世代年轻的一代（女性）	19.2	20.8	29.7	11.6	18.7
就职冰河期世代（女性）	25.7	20.7	28.8	9.1	15.7
比就职冰河期世代年长的一代（女性）	17.2	18.8	27.4	11.7	24.9
比就职冰河期世代年轻的一代（男性）	15.0	17.2	39.9	12.8	15.1
就职冰河期世代（男性）	16.4	17.4	40.5	11.8	13.9
比就职冰河期世代年长的一代（男性）	12.6	16.5	36.6	12.5	21.8

■ 符合　■ 基本符合　■ 不好说
■ 不太符合　□ 不符合

**图 14　认为"老了以后也不清楚养老保险
应如何领取、养老保险前景不明"的比例（按代际划分）**

注：该数据没有计入回答"不清楚、不明白"的受访者。图 12 ～ 14 出自《男女共同参画社会白皮书》2022 年版。

式员工。也就是说，每 10 位女性劳动者中就有 6 位是非正式员工。"8050 问题"是一个百分百可以预见到的问题，然而政府一直放任至今。简直太不像话了！
（参见图 15 ～ 18 与表 2）

每当我们呼吁企业经营者要"签订正式的劳动合同，执行最低工资 1500 日元的标准"，就会遭到他们的强烈反对。他们总是抱怨"这样一来，公司就要倒闭了"。

最近一些社会案件中的男性罪犯，像袭击前首相安倍晋三的山上彻也，还有秋叶原无差别伤人事件的凶手

单身老年女性的残酷现状

调查对象：年龄在 40 岁以上，没有同居的配偶或伴侣，独自生活的女性（其中包括单身、离异、丧偶、非婚或未婚妈妈）。如与丈夫分居后与子女、父母、祖父母、兄弟姐妹等共同居住，或在法律上成了女受扶养人（指无法独立生活的无民事行为能力人或限制民事行为能力人），以及存在事实婚姻或与伴侣同居的女性，均不参与调查。

调查实施时间：2022 年 8 月 4 日至 9 月 20 日。

调查实施主体：中老年女性团体"快乐的银发单身族"。

协作：汤泽直美（立教大学社区福祉系）、北京 JAC。

参与人数及有效答卷数：共有 2390 人参与调查（其中邮寄答卷人数为 96 人），其中有效答卷 2345 份。

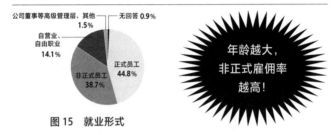

图 15　就业形式

表 2　年龄与就业形式（交叉分组表）

就业形式	40~49 岁		50~59 岁		60~64 岁		65 岁及以上		合计
	人数（人）	占比（%）	人数（人）	占比（%）	人数（人）	占比（%）	人数（人）	占比（%）	人数（人）
正式员工	650	51.1	211	42.7	21	23.6	7	6.2	889
非正式员工	461	36.3	207	41.9	39	43.8	61	54.0	768
自营业、自由职业	139	10.9	67	13.6	29	32.6	36	31.8	271
高级管理层、其他	21	1.7	9	1.8	0	0	9	8.0	39
合计	1271	100.0	494	100.0	89	100.0	113	100.0	1967

注：1984 位就业者中，去除 17 位没有提供就业形式信息的，实际统计人数为 1967 人。

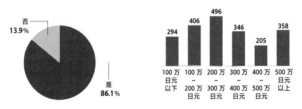

图 16　是不是家庭经济支柱　　　图 17　2021 年的年收入

数据来源：《2022 年中老年单身女性生活实况调查报告》。

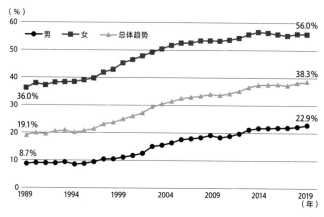

图 18　非正式员工所占比例的变化趋势

资料来源：2001 年以前的数据出自总务省统计局的《劳动力调查特别调查》，2002 年以后的数据出自《劳动力调查详细统计》。

注：非正式员工所占比例是指他们在公司普通员工中所占比例，不包括高级管理层。

加藤智弘，都曾做过非正式员工。

非正式员工收入较低，工作、生活不稳定，更容易产生犯罪的念头。这些问题明明都是可以预测、可以防范的，政府却一直无所作为，这完全是政府的责任。我始终认为，这就是人祸。

小岛　一直以来，无论是哪个年龄层的人都会遇到这种情况，无一例外。现在未婚子女与高龄父母生活在一起的组合越来越多。

我遇到过这样一个家庭。父亲是癌症晚期；母亲是典型的痴呆症，"需介护" 2 级，但她的身体机能完好，别人稍不注意就会往外跑。他们有个独生女儿（40 多岁），学历很高，能力也很强，但一直没有正式工作。父亲一直忍受着母亲各种疯疯癫癫的言行，他自己的病情也在不断恶化。有一次，父亲刚从日托回来，母亲就和他顶嘴，父亲没忍住动了手。工作人员赶紧又把父亲带回了日托。母亲的痴呆症越来越严重，父亲的病情也一直在恶化，而女儿却没有介护假。"需介护" 3 级以上的老人才有资格申请入住特殊老年护理院，Group home 的费用又太高，女儿支付不起。走投无路的女儿哭着问我她还能怎么办，我也只能陪着她掉眼泪。有相似情况的家庭应该还有很多。

另外，虽然大家普遍认为还是有家人陪在身边比较好，但事实上，有时情况并非如此。有些一直在啃老的"家里蹲"已经迈入中老年阶段，而他们的父母也到了"需介护"的程度，"8050 问题"正逐渐进入大众的视野。

另外还有残疾人与他们日益年迈的父母。如果是已做好伤残认定的残疾人，那多少还能想点办法，可有些人手里并没有残疾证。

"家里蹲"危机

上野 社会学家桥本健二在他的著作《新日本阶级社会》（讲谈社现代丛书，2018 年）中提到一个数据，他说日本花费了 30 年[1]制造出将近 1000 万人的社会底层。

所谓的社会底层是指那些无论怎样哭喊也无法实现阶层跃迁的群体，主要包括年轻人、低学历者、单身人士、中老年女性和单亲妈妈等贫困人群。

其中，有一个很可怕的数据，在这些底层人群中，有 40% 的人赞成"贫困的原因在于自己"这种观点。果然不出我所料。事实上，这个不平等的社会是人为制造的，而且这种所谓"自我负责"的不平等价值观已经内化在这些深受其害的人们心里。因此，他们既不会在社会上寻求团结，也不会努力改变现状。

人口学方面的预测明明是最切实可靠的，政府却没有出台任何政策，就这么无所作为地虚度了 30 年。"8050 问题"完全是一场人祸。

小岛 的确如此。可以说，"自我负责"的价值观一直贯穿他们这一代人的成长过程。

---

1 此处指日本经济界常用说法"消失的 30 年"。20 世纪 90 年代初期，日本陷入了长期经济停滞。这一停滞持续了 30 年（1990 年～ 2020 年）。

上野 这一代人见证了团块世代的自我毁灭，他们被小林善范[1]戏称作"纯粹耿直的正义君"，一直远离政治，愤世嫉俗。他们的父母，也就是团块世代，属于自由主义派别，偏向保守。

他们一直在利用父母的资源。过去，他们的父母经济实力雄厚，足够让他们啃老。但父母退休，开始领取养老金后，能提供给他们的经济支持就少多了。

小岛 尽管如此，仍有很多子女依靠父母微薄的收入度日，导致父母不能顺利使用介护保险和介护服务，最后，照顾老人的任务就只能落在这些不怎么会照顾人，或者说根本没有能力照顾人的家人身上。这就造成了一个恶性循环。

上野 因此，在一些疑难问题处理案例[2]中，家里人会拒绝使用介护保险。他们像寄生虫一样依靠老人的养老金生活，因此不想把这笔钱用在介护上，也不想让老人用。您那边是不是也遇到过这种情况？

小岛 该从哪里说起好呢，这样的例子真是数不胜数。

1　小林善范（1953年8月31日—）：他的名字在日语中写作假名"よしのり"，也有译为"小林善纪"，日本著名保守主义漫画家。
2　疑难问题处理案例：日语为"处遇困难事例"，包括老人因身心障碍无法主动求援、家人故意对老人弃之不理等多种原因造成的老人无法顺利接受介护服务的案例。

上野　比如说，有没有 40 多岁，一直"家里蹲"的单身儿子与"需介护"的高龄父母之类的例子。

小岛　有的。有些孩子一直是"家里蹲"，也有的则明显身有残疾，而他们的父母又是老年痴呆，这种组合非常多。有些是父子或母子的单亲家庭，还有些是父母与孩子三人一起生活的家庭。这些家庭里，健康的孩子或是有能力的孩子为了自己能活下去，都远走高飞了。你很难让他们回来照顾家人。

最后，只能托付给介护机构。我们这边有专门负责提供上门介护服务的机构（服务对象包括残疾人），很多精神疾病的患者会使用这项服务。有时我们还会遇到这种情况，护工本来是上门照顾儿子的，结果过了一段时间，儿子对她说，"我妈妈最近好像老年痴呆了"，于是我们又帮他联系好介护保险里相应的服务项目。这种情况下，你是不能指望孩子去照顾老人的。还有的时候，上门照顾母亲的护工"发现"这家的女儿是残疾人，还没办残疾证，于是我们又帮助她联系残疾人的服务项目。

上野　我的朋友，社会学家春日 KISUYO 曾经专门研究过疑难问题处理案例，她认为关键是要将父母的问题与子女的问题分开。援助老人固然重要，但我们也必须对有困难的子女施以援手。

小岛 可以给这些子女介绍专门负责残疾人问题的咨询人员，帮助他们对接残疾人服务项目。有时，如果父母是高龄老年人，那子女也可能已经到了可以使用介护保险的年龄。

上野 所以，很多时候还是要把父母问题和子女问题分开处理比较好。

小岛 是的。不过，有不少家庭情况特殊，很难分开处理。

上野 春日女士指出了一个问题，她说，老年人往往不会觉得自己正在被虐待。父母会觉得"养出这样的孩子是自己的问题"。一想到这种为人父母的心理，我便不禁感慨，真的是"一日为父母，终身为父母"啊。这些父母是不会控诉自己的孩子的。春日女士指出，虐待老人比虐待儿童更难介入。因为虐待儿童可以经第三方认定直接介入，可有些老人即便浑身淤青，也不肯承认自己被虐待了。

小岛 介护服务机构发现虐待问题时有义务报警，我们会将相关事实进行汇报。比如在日托帮老人洗澡时，如果发现老人身上有可疑的淤青，我们会讨论要如何处理。反过来，我也遇到过一个儿子过来跟我们说，他在虐待自己的父亲。这个儿子单身，和老年痴呆的父亲住在一起。

上野 他肯定是已经熬不下去了，于是主动发出了求救信号。

这种情况很少见吧。

小岛 有时候找人谈一谈就能找到出路。这一代人的生活环境一直在告诉他们无论做什么都要自己负责，他们不知道还可以向人求助，总觉得不能依靠他人。因此，在这里我想强调一点，日本的小朋友都是从小听着"不要给别人添麻烦"这句话长大的，但这句话是不对的。人活着不可能不给别人添麻烦。孤立的尽头就是"孤独死"，当别人发现你时，你已经变成腐烂的尸体，那才是给别人添麻烦呢！一定要在此之前与他人建立起联系，这就是我想告诉大家的。

年轻人已经没救了吗？

上野 讨论介护问题时离不开性别视角。事实上，长期以来，我们讨论这个问题时一直忽视了性别视角，这是一个很严重的问题。

目前团块二代所面临的主要问题有求职难、非正式雇佣增多以及男性化。如果我们要讨论这些问题就会发现，以往我们一直认为已婚女性之所以选择非正式雇佣的工作方式，不过是闲暇时补贴家用的手段，那时候没有人关注这里面存在歧视女性、侵害女性权益的问题。

直到男性也遇到这些问题，媒体才开始大肆报道。进入非正式劳动市场的已经不再是贴补家用型的劳动者，而是作为家庭支柱的劳动者，包括独居女、恢复单身的女性、不婚女以及单亲妈妈等，另外也包括男性。这是一个出人意料的变化。

现实情况早已如此严峻，却从来没有一个人想办法解决。为什么会这样？因为一直以来，这只是女性的问题。这就是我的观点。

小岛 确实如此。大约从 10 年前开始，我们招聘新人时，只要符合条件，都会招为正式员工，不过也有只能做兼职的情况。上门介护行业有一种特定的工作方式，员工可以选择做普通的兼职还是"注册式"兼职，两者的比例大概是 10 ：1。求职者里有很多单亲妈妈，另外，负责养家糊口的人也越来越多。所谓"注册式"兼职就是不用坐班，直接上门服务，按单收费。不过，选择这种方式的话，路上的交通时间和文件记录时间是不计入实际劳动时间的。有三名护工认为这样不合理，国家有义务解决这个问题，不能把责任全都推给介护机构，于是她们一直坚持起诉，要求国家赔偿。

选择做"注册式"兼职的人很少，直到去年，我们才又碰到一位。她家里有一个患病的孩子，所以选择做这种兼职。这些情况我们都很清楚，今后也不准备改变。等到老一代人逐渐退休，我们现在的上门介护部门里应该就全是专职员工和普通的兼职员工了。不过想要在改善"注册式"兼职员工们的福利待遇方面取得进展并不容易。

上野 前面我说过，2022 年版的《男女共同参画白皮书》制作得非常好。为什么女性的权益一直惨遭践踏，答案全都清清楚楚地写在里面。

小岛 大家都觉得介护工作，尤其是做上门介护的，只要是个女的就能做，每个家庭主妇都能做，在育儿、照顾老人、做家务的间隙就能做，所以才会出现这种不用坐班、直接上门工作的方式。

工作报酬也是在这个基础上设定的。在介护保险制度刚刚启动时，很多男护工一结婚就辞职，引发了人们对介护工作薪酬过低这一问题的关注，然而，这个问题之所以能引起社会重视，主要还是因为"男性"——尽管在护工领域，女性的数量要远远多于男性。

上野 最后，为了维持以男性赚钱为主的模式，就要求女性必须"被男人养""如果成为单亲妈妈就得马上再婚再傍一个男人"，必须一直保持这种昭和模式。

"现在已经不是昭和年代了"，明明这本白皮书上就印着这句话，可国家税收制度及社会保障制度却依然保持着昭和风格，并全方位地限制女性就业。他们似乎在告诉你，你不能再赚更多的钱，再工作下去你就要吃亏了。

我们现在称之为限制女性就业，其实说是禁止也不为过。直到今天仍然有女性说"我丈夫同意我出去工作了"。我真想问问，你丈夫是何方神圣？还同意？他同意你出去工作，也就意味着之前他是禁止你工作的。这不仅仅是你丈夫个人禁止你，是整个制度都在禁止你。

这背后，女性还面临生育的负担。我们所打造的这个社会中的女性会因生育而遭受不公平的对待，简直可以称之为生育惩罚。这就是出生率始终无法提高的原因。

歧视女性、侵害女性权益的问题始终存在

上野　图 19 里的"BB 问题"是指"老年妇女贫困问题"，这是由樋口惠子女士命名的。

女性在工作期间因工资低而陷入贫困，晚年又因养老金低而陷入贫困。女性至死都面临贫困问题。过去的半个世纪，我们一直都在维持这样一个体系。

BB（老年妇女贫困）问题

女性一直面临贫困问题，晚年贫困，至死贫困，
而一直限制女性就业的就是税收制度和社会保障制度。

现行社会保障制度形成时期（经济高度增长时期）的经济和社会背景		
经济持续增长与低失业率	正式雇佣、终身雇佣的男性工作者与全职主妇及其子女构成的核心家庭模式	优渥的公司福利制度

1961（昭和36）年设立配偶个税专项扣除项目

· 将配偶从受抚养人（日本较为保护妻权，配偶绝大部分情况下被视为受抚养人）扣除中分离出来，单独设置专项扣除。

· 高度评价"贤内助"的功劳，认为妻子在家庭中承担家务、育儿等主要家庭职责，为丈夫在外工作赚取家用做出重大贡献。

1985（昭和60）年设立第3号被保险者制度

· 引入基础养老保险制度，在基础养老保险部分确立了包括全职主妇在内的女性养老金权益。如果妻子是家庭主妇，丈夫在公司里缴纳养老保险后，会自动涵盖妻子的基础养老保险费用。

1987（昭和62）年设立配偶特别扣除政策

· 如果做兼职工作的家庭主妇年收入超过一定金额，丈夫的配偶个税专项扣除便不再适用。同时，妻子也会变成纳税人，从而造成整个家庭的税后可支配收入减少。

根据个人收入征收居民税	根据个人收入征收所得税	根据月薪、工作单位规模等加入职工保险（职工养老保险、健康保险）→职工需缴纳相应的保险费用，但同时将获得更多福利	（如果之前配偶为受抚养人）配偶将不再属于受抚养人→需缴纳国民养老保险、国民健康保险或职工养老保险、健康保险等保险的费用	开始逐步减少配偶特别扣除的额度	无法使用配偶特别扣除政策
100万日元	103万日元	106万日元	130万日元	150万日元	201万日元

图19 相关制度的演变

资料来源：《男女共同参画社会白皮书》2022年版。

制作这份《男女共同参画白皮书》的是当时担任内阁府男女共同参画局局长的林伴子女士。林女士是一位十分优秀的女性政府官员。这份白皮书为我们彻底揭示了女性遭受如此不平等对待的原因。那种昭和风格的税收制度及社会保障制度一直被误认为是对家庭主妇的优待政策。

小岛 即便我们希望女性能多工作，不要顾虑个税专项扣除的限制，答应给她上养老保险和健康保险，她们还是会觉得自己再多干就要吃亏。其实不是这样的，如果能再多干一些，就不会出现扣税造成的家庭收入减少问题。而且长远来看，自己有社保和养老保险肯定要好很多。当然，这跟目前女性所处的社会环境不无关系，现在育儿工作基本都是母亲独自一人承担，而这方面的公共支持又非常薄弱。如果我们机构的规模再大一些，就能为员工建一些育儿设施，很遗憾我们目前还没有这个实力。

上野 让我们来思考一下，现在的税收制度与社会保障制度能让谁从中获益？ Who gains from it（参见图 20）？

小岛 不，如果提高时薪，女性员工就会减少劳动时间，这样一来，用人方会很为难。其实，员工的能力也在不断提高，涨了工资，可以让员工多干点活儿，对用人方来说，可以大大缓解人手不足的压力。可目前的制

Who gains from it？（谁会从中获益？）

无须缴纳妻子社保的丈夫

无须缴纳家庭主妇社保的雇主（雇用临时工的雇主）

由于家庭主妇需要控制劳动收入而得以用低薪雇佣打工人的雇主

获益者全都是大叔

反对者是雇主＋劳工团体中的男性

妻子们呢？在低工资与工作不稳定之间挣扎，
年轻时贫困，晚年也贫困，至死都贫困。

图 20 日本的税收制度与社会保障制度对于家庭主妇
来说是优惠政策吗？

度却阻碍了这一点。真是毫无益处。

上野 政策被设计出来就一定会产生相应的效果，因此，这

项制度肯定有受益人。首先，一直为妻子缴纳养老保

险的丈夫将会从中受益，因为他不必再为第 3 号被保

险人[1]缴纳保险费。其次，雇用家庭主妇的雇主也会受

益。因为妻子属于丈夫的受扶养人，雇主无需缴纳她

的社保费。这笔费用通常应由劳资双方分担，因此，

雇主也会受益。第三，家庭主妇兼职时，会刻意控制

---

1 第 3 号被保险人：已加入职工养老保险或共济组合的公司员工，其配偶年
龄在 20 岁至 60 岁之间，原则上年收入不超过 130 万日元者即为第 3 号被
保险人，无需再单独缴纳保险费用。

劳动收入不要超过年收入 130 万日元的门槛，低薪雇佣这些主妇将使企业经营者受益。到了年底，家庭主妇们会调整工作时间，虽然雇主抱怨当地最低工资标准的提高减少了主妇们的总工作时间，但这也一直被他们当作压低工资的借口。据说，当最低工资标准提高到 1500 日元时，绝大部分雇主都会惊慌失措，开展反对运动。

无须缴纳妻子社保费用的丈夫、无须缴纳家庭主妇社保费用的雇主，以及由于家庭主妇需要控制劳动收入而得以用低薪雇佣打工人的企业经营者，我刚才讲到的这三种人几乎都是大叔。从中获益的都是这些大叔。可如果我们现在提出要废除这项制度，恐怕也会遭到家庭主妇的强烈反对。因为她们已经属于既得利益集团的成员。企业经营者肯定会反对，劳工团体中的男性恐怕也不会赞成。因此，我们根本无从下手。

小岛　真希望他们能适可而止。现在是劳动力严重不足的时代，真搞不懂他们在想些什么。

上野　明明从经济合理性的角度来看，废除昭和风格的税收制度及社会保障制度是当务之急，因为它们严重限制了女性就业，可提出这样的建议就会遭到强烈反对。他们如此反对，就说明他们非常清楚自己正从中获益。最近，这个问题终于开始得到关注，不过这也是经营者们苦于劳动力不足而提出的，并非出于对女性权益的考量。

介护行业也面临同样的问题吧？护工里有很多这样的女性，而接受这些护工服务的也是女性，同为女性，同样贫困。

小岛 每到年末，就会有人提出要调整工作时间，我们真的很为难。同时，如果提高时薪，也会有人提出要相应地调整时间。我们左右为难。

上野 尽管如此，却从没人对这种已经不适合时代的税收制度与社会保障制度提出反对意见。以前，大家都觉得谈论性别问题拉不来选票，所以在国政选举时，没有人以此作为辩论的焦点。不过，2021 年的众议院选举和 2022 年的参议院选举中，首次出现了性别议题——"选择性夫妇别姓[1]"。不过，与夫妇别姓相比，当前的税收制度及社会保障制度才是更重要的性别议题。而对于这个问题，即便在女性中间也听不到任何反对的声音，这是因为我们目前的政策都是以家庭为单位。新冠肺炎疫情期间发放的特别补助金也是一次性发给户主的。为什么不能以个人为单位呢？因为有

---

1 夫妇别姓：日本法律规定婚后夫妻必须同姓，别姓意味着婚后夫妻双方可以保留各自的原始姓氏。——编者注。

很多人维护户籍制度。从合理性的角度来看，我们没理由反对"选择性夫妇别姓"，但很多人就是出于一些不合理的理由想要维护户籍制度和家庭制度。这个问题根深蒂固。这个国家并不按理性行事。

小岛 如果大家都能理性行事，事情就简单多了，唉……

第 4 章

口号很响亮，但现实很残酷

介护保险究竟保护了谁

上野 接下来让我们谈一谈与"团块世代的晚年"息息相关的"介护保险制度"吧。

说起来，我之所以能够与您有这样的互动，主要是因为我们一起参与了反对介护保险法案不合理修订的一系列活动。23年前，介护保险制度开始实施，这是一个历史性的重大事件。如今回顾起来，介护保险制度在这23年的历史中可谓有功有过。咱们就先从"功劳"说起吧。

人们常常把过去的30年称作"消失的30年"，不过在20世纪90年代，经过大约10年的准备期后，介护保险制度正式确立，这的确堪称一项历史性的壮举。尽管政府在同一时期也制定了与性别问题相关的法律，但那些法律由于大多缺乏实际效力，并没有给我们的生活带来什么改变。而介护保险却实实在在地改变了人们的生活。

　　建立介护保险制度的主力是官员和市民委员会（推动介护社会化万人市民委员会），而其中的核心成员大多是团块世代。

小岛　我是 1996 年开始在医疗机构内开展上门护工派遣业务的，那时仍是"保障"时代，作为介护机构的经营者，我亲眼见证了当时这个行业的发展。

上野　介护保险制度的动机是"不纯"的。无论是当时的政策设计者，还是与他们保持步调一致的市民委员会，他们一定程度上都是为了尽量减轻自己的介护负担，想要卸下自己肩头的重荷。再加上当时政治领域掀起了社会福祉新自由主义[1]改革的浪潮，大多人支持将介护服务尽可能地外包出去。

　　这两者相互配合，最终推动了介护保险制度的产生。另外，他们最终选择了保险的方式而非税收的方式，我认为从结果上来看，这个选择还是不错的。

1　新自由主义是一种经济思潮，旨在通过市场机制和自由竞争来调节社会和经济活动。其社会福利思想强调市场的有效性，主张让市场自发地提供公共福利，而不依赖于政府的干预。

小岛 要问是保障制度[1]好还是保险制度好，我肯定认为保险制度好。因为我个人认为保障制度仅仅依靠税收资金是难以为继的。

上野 团块世代在后几代人中口碑很差。不过，他们创造出了领先于世界的介护保险制度，这是他们这一代人投入了心血的课题，堪称团块世代的遗产。这一点我很赞赏。

对这一制度，无论是在建立过程中、建立后、还是实施初期，人们的批评声一直不绝于耳，很多人都认为这个制度存在许多缺陷。事实上，它的确存在很多不足之处，但即便如此，我们也已无法回到"介护保险制度之前"的时代了。这一制度已经给日本社会带来了巨大的影响。

一开始，人们对介护保险制度的批评如狂风暴雨般猛烈，因此，当我对该制度做出积极评价时，樋口惠子女士感到格外欣喜。

小岛 我是在介护保险制度实施之前进入介护行业的。在我创立自己的介护机构时，只有社会福祉法人或医疗福

---

1 保障制度：战后日本福利制度（包括智力障碍、身体障碍、老人和儿童福利等）的机制是，由地方政府判断是否符合使用条件，然后再由政府决定提供哪些服务。从 2000 年介护保险推出后，这一制度开始向"合同"方式转变。——原书注

祉法人才能从事福利事业。因此，我只能挂靠在附近一个和我关系不错的医院下面才能开展自己的业务。

在我们机构运行了四年之后，介护保险制度才开始实施，因此，我不但亲历了"保障"时代，还目睹了从"保障"时代过渡到"保险"时代的整个过程。可以说，两者我都有所了解。

总之，使用介护服务的人数有了大幅增长，这无疑是介护保险制度的功劳。

不过，从一开始，甚至是在介护保险制度实施之前，介护行业的员工待遇就已经变差了，这一点从数据上也不难看出。本来我们挂靠在医院内部时，不必降低护工的薪酬，但我进行了独立的财务核算后发现，如果不降薪，我们的业务就无法维持。于是我果断采取了降薪的措施。这也是无奈之举。

介护保险最初定的基本酬劳放在今天看已经是最高的了。这二十多年，我们之所以能够坚持运营，主要是因为我们获得了一些补助。也就是说，护工的薪酬和待遇问题至今仍未得到解决。

此外，目前还缺少针对低收入人群的政策措施。当然，还存在其他问题，比如，目前的制度完全没有考虑到痴呆症患者的需求。我并不是要否定介护保险这一制度，但事实上，它的确从一开始就存在很多问题。

上野 您刚才讲的这些情况和我观察到的现实有一些出入。护工的待遇变差，这是机构经营者的观点。一直以来，这个制度最受非议的还是缺乏针对低收入者的政策措施。然而，低收入者增多是养老保险制度造成的，并非介护保险制度的问题。这一点希望大家不要搞混了。

如果接受过保障时代的介护服务就会发现，与那时候相比，现在的服务质量明显下降了很多。许多社会保障学者都指出过这一问题。而且，以前受雇于地方政府的护工们的待遇的确明显变差了。

虽说这些曾经作为政府雇员的护工们待遇变差了，但当时接受他们服务的大多是单身群体或贫困人群，人数非常非常有限。而且他们能够提供何种服务、怎样提供这些服务都是有规定的，是由行政部门决定的。对于中产阶级来说，根本不可能得到这些服务。在这种背景下，才出现了介护保险这种能让所有人都享受到服务的制度，从这一点来看，介护保险意义非凡。行政改革要求削减公务员数量，这样一来，我们就无法增加政府护工的数量。因此，采用行政服务外包的形式，将介护服务委托给独立运营的企业经营者，在准市场机制下引入竞争体系，不失为一个不错的选择。尤其是考虑到保障时代还存在许多效率低下和管理不当的情况。在介护保险制度实施后，能够成功成为介护保险指定机构的通常是像贵机构这样过去已经积累了一定服务经验的私营机构。与那些在介护保险制度实施后才进入市场的大企业相比，这些机构在经营上往往更加稳定。您刚才提到了被迫降低护工工资的问题，这会不会是"生活网络·缘"的特殊情况造成的呢？

小岛 不会的。还有一些提供派遣护工服务的民间机构也遇到了同样的问题，虽然这样的情况不是很多。新座市社会福祉协议会原本一直维持着保障时代员工的工资水平，但几年后就难以为继，陷入困境。他们那里的上门介护部门只有少数几位全职员工，大部分都是兼职员工。

上野 为什么我会说"生活网络·缘"情况特殊呢？因为你们承接过保障时代的服务项目。而对于那些以前只做有偿义工提供家务支援服务的人来说，现在的工作肯定更稳定。此前他们的收入处于当地最低工资标准，甚至可能更低，而现在，薪资有了明显提高。

小岛 的确是这样。

上野 因此，尽管大家都认为护工的工资很低，但对于那些之前仅仅收取一点义工费用或是单纯出于善意提供这些服务的人来说，NPO法和介护保险法的出现帮助他们将护工变成了一种职业，在这一点上，NPO 法和介护保险法厥功至伟。我曾在介护保险制度的过渡期进行过一个关于劳动者合作社[1]的调查，我发现在介护保险制度的推动下，他们的业务量稳步增长，经营更加稳定，也建立起财政基础，取得了显著的成就。在这个过程中，我亲眼见证了女性创业家如雨后春笋般涌现。"生活网络·缘"出现的薪资降低问题，具体是什么情况呢？

小岛 比如以前我们会支付护工在外面工作时产生的交通费用，但现在已经完全无法做到。如果维持同样的工资条件和待遇，财政无疑会出现赤字。我们的员工待遇原本就不是特别好。当然，我们也没有几个全职员工，大部分都是兼职。现在不仅这些兼职员工的薪酬降低了，全职员工的薪酬也降低了。这就是我们现在真实的状况。

---

1 劳动者合作社（Workers Collective）：这是一种民众通过自己的"劳动"制作地区社会（类似中国的社区，居民在居住地附近一定范围内形成的自治组织。）所需物品、提供相应服务的业务形式。它不属于雇佣劳动关系，所有参与者都是投资者，同时也是劳动者，他们共同参与组织、运营和管理等各项事务。其主要目的不是营利，而是通过相互扶助为地区社会的发展做出贡献。这种形式于 20 世纪 80 年代由生活俱乐部、生协等组织发起，以参与共同采购运动的主妇群体为主，逐渐扩展开来。"介护服务"也被视为该业务的一个重要组成部分。——原书注。

上野　与保障时代相比，护工的待遇的确变差了，这是事实。不过，当时护工的薪资水平相当于准公务员，我们也不可能增加这样的公务员护工来满足市场需求。

小岛　是啊。我们"生活网络·缘"的情况可能是有一点特殊。不过，从20世纪90年代后期开始，由于社会情况发生变化，很多当时和我一起做志愿活动的伙伴都面临着养家糊口的问题，所以，我们必须维持住最基本的薪资。刚才您提到的劳动者合作社，还有其他一些曾经很活跃的NPO，它们的核心成员现在几乎都已经退休了，我的伙伴们正在逐渐消失，这非常令人遗憾。

找不到工作的女性被迫去做义工

上野　劳动者合作社可以为高知女性提供生存价值和满足感。这些高知女性被劳动市场排除在外，对她们来说，仅收取义工费用是一件很引以为傲的事情。

然而介护保险制度实施后，进入这一领域的阶层发生了变化。这些新进入者是依靠劳动赚钱的，哪里给的报酬高，她们就去哪里。她们与劳动者合作社的成员水火不容。后来，正如您所说的，随着介护保险法案越来越不合理的修订，介护机构无法再付给护工足够的薪资，于是那些以赚钱养家为目的的人就会离开这个行业。

小岛 是的。实际上，我挂靠在医院开始这份工作的第二年，我的丈夫突然离世，我们家失去了经济支柱。

和我一起创业的伙伴中有好几个人的家庭由于丈夫生意破产等各种各样的缘故陷入困境，她们出去打工都很难维持生计，根本无暇顾及义工服务。20世纪90年代后期就是这样一个动荡的年代。这些情况导致我们与合作社成员之间产生了隔阂。

上野 那些出于纯粹的志向坚守下来的人如今正慢慢老去，而他们又后继无人。这就是现实情况。不过，曾经有一段时间，各地基层的女性创业者们纷纷涉足介护保险行业，那时大家真是充满干劲儿。

小岛 是的，这个情况我非常了解。那会儿我感觉，在当时的社会环境下，大家似乎已经达成一种共识，即介护行业可以为女性提供获得稳定收入的工作，可惜我始终没有找到合适的方法来实现这一目标。

上野 介护保险制度有两个理念，一是"从保障到合同"，二是"从恩惠到权利"。这两个理念虽然号称以用户为中心，但实际上，几乎所有的经营者都是与用户家人签订合同。无论是机构还是护工，都更关注用户家人的意见，因为付钱的是他们。

不仅如此，由于制定介护保险制度最初的目的之一是减轻家庭介护负担，因此，政府预设的前提是使用者必须有同居的家人。独居老人的居家临终并不在他们的考虑范围之内。

小岛 介护保险制度实施前，使用介护服务的独居老人大多是"战争遗孀"，或是比她们稍微年轻一点的，由于适龄男性全部战死而"无法结婚"的女性。这些老人在介护保险制度实施不久后就陆续去世了。

上野 介护保险宣称的理念与其真实意图并不一致，这是众所周知的事实（参见图 21）。不过，它的口号都喊得很响亮。当时，比较大的争议焦点在于究竟应采用税收的方式还是保险的方式。一开始的计划是以地方自治的名义将所有保险人全部交由地方政府负责，但这遭到了全国市町村议会的强烈反对。

小岛 是这样的。因为地方政府已经因为同为保险制度的国民健康保险而面临重重困难。

上野 当时，他们批准地方政府以地方自治的名义自己制定修正条例或补充性条例。也就是说，尽管福祉问题的原则应该是全国统一、利益均等（无论在什么地方都能接受同等的服务），但他们允许介护保险存在地区差异。此外，由于政府的真实意图除了减轻这些官员自身的介护压力，更是要控制社会保障费用的支出，

理念

以用户为中心
从保障到合同 / 从恩惠到权利
居民参政 / 地区自治

现实

防止医保体系崩溃的替代案（转移社会上的住院病人）
减轻家庭介护的负担（使用介护保险的前提是必须有同居的家人）

图 21　介护保险制度的表（理念）与里（现实）

因此他们实际上是要将社会上正在利用医保住院的老人们转移到成本更低的介护设施中去。

而且，使用介护保险的前提是家中必须有同居的家人，虽说减轻了家庭介护负担，但仔细想想，其实这只是赶上了社会福祉新自由主义改革浪潮，这一点是不可否认的。

小岛　您说得没错。我们一开始之所以要在医院中提供上门介护服务，也是因为医院面临着必须将长期住院的高龄患者送回家中这一问题。我记得很清楚，我们的第一个服务对象是一位六十多岁的男性病人，他患有脑血管疾病，气管被切开了，需要鼻饲，还有迁延性昏迷，需要高度医疗护理。医生告诉他妻子，大家都是在家护理的，于是，他们也开始了居家介护。事实上，在这家医院里，此前从未有过症状如此严重的患者居家介护的前例，他是第一位。他家里人后来都说是医院欺骗了他们。不过当时，如果不是我们开展了上门介护服务，医院是不可能将这位患者送回家的。也可以说，正因为我们提供了这项服务，他才被送回家中。

介护保险制度的九大特点

上野 我们再来看一下介护保险制度的特点，基本可以归纳为以下九点：

1. "税收 + 保险"的混合方式

2. 地方分权与居民参政

3. 行政服务外包

4. 用户与机构之间的合同关系

5. 给付水平较高

6. 介护经理制度

7. 介护工作的资格认证化与专业化

8. "需介护"等级评估制度的引入

9. 不能领取家人照护津贴

介护保险制度的第一个特点是"税收 + 保险"的混合方式。最初引入介护保险制度时，大家曾对应该采用税收的方式还是保险的方式有过争论，但最终还是采用了保险的方式，从结果来看，这是一个不错的选择。虽然采用保险的方式确实给贫困人群造成了一定的压力，但它在不经意间改变了"日本人没有权利意识"这一观念。如今，使用保险已经是人们理所当然的权利，我觉得这个结果还是不错的，对此您有什么看法？

小岛 在某个时期内，保险的方式确实是一个不错的选择，但我不确定它是否能应对未来的问题。今后，老年人口会快速增长，贫困阶层也会不断扩大。等到团块二代逐渐迈入老年阶段时，保险制度是否仍然适用，这是我现在担心的问题。

上野 我们最好把这些问题明确区分开来。贫困不是介护保险制度的问题，而是养老保险制度的问题。基本上，只要大家有购买力，介护保险就没什么问题。

小岛 是的。不过很多人就是没有购买力啊。

上野 我理解您的观点，但把批评全部集中在介护保险制度上，实际上是把无法承担保险费用的问题转嫁给了介护保险。

小岛 您说得有道理。

上野 介护保险制度的第二个特点是"地方分权与居民参政"。这个想法非常了不起。通过居民参政的方式建立"介护保险事业计划策定委员会"，地方政府可以自行确定保险费率。然而，让地方政府自行确定保险费率的想法最终没能实现。

小岛　是的，我们必须考虑介护服务机构的数量与保险费用之间的关系，但那些委员会的委员肯定不会考虑这些问题。

上野　首先，真正制定修正条例或补充性条例的地方政府寥寥无几，即使有，他们也并没有坚持下去。此外，虽然说是居民参政，各地方政府要征询"策定委员会"成员的意见或建议，但实际上，这些成员更像是政府的替身。

小岛　那些居民代表大多是老年协会或社区组织的领导，原本就是地方政府咨询委员会的常客。他们对介护保险根本不感兴趣，即使向他们解释，他们也很难理解。指望居民代表站在介护保险实际使用者的角度发表意见或参与争论，那是绝不可能的。

上野　是的。委员会成员中根本没有介护保险的实际用户，甚至几乎没有公开招募来的成员。真正发言的只有那些 NPO 等组织公开招募来的成员。居民参政本是樋口惠子女士的一大夙愿，而执行起来却有名无实。

同一时期，社会上还发生了一个重大变化，即"平成大合并"。国家急切要求减少地方政府的数量，从而引发了大规模的合并浪潮。广域行政治理成为主导后，地方政府特定的服务被抛在一旁，服务逐渐标准化，而这种标准化也导致了服务水平的下降。

日本的法律在理念与实施之间往往存在差距，因此，在实际运作中，理念也就变得名存实亡。

小岛 我所居住的新座市曾计划与周边的四个市合并，但最终未能达成。我认为没有合并是一件好事。一旦地方政府变得庞大，与百姓的距离就会拉远，而且合并过程中，人口规模最大的地区就会处于主导地位，其他被合并的小村县将无法获得关注。

虐待、歧视和压迫随处可见

上野 第三点是"行政服务外包"。当时，行政改革的浪潮一浪高过一浪。

小岛 是的。我住在埼玉县，由于这里临近东京都，所以我们都被称作"埼玉都民"。埼玉县是一座卫星城市，20 世纪 70 年代，人口急剧增长，大批团块世代开始进入政府部门工作。我是在 80 年代成为市议员的，那时，有些团块世代已经成为部门中坚力量，他们私下和一些少数党派的女议员交好，会告诉我们很多事情。这些人不仅有理想，能力也很出色。在社会福祉领域，负责对接生活困难人士的工作者工作都很认真，事实上，我们初期在医院提供介护服务时也得到了他们的大力支持。然而后来，这些充满理想的职员逐渐被边缘化，工作人员的数量没有增加，工作量却越来越大，听说不少人因为神经衰弱而停职休假。进入 2000 年后，这种充满理想的职员不仅不受重视，而且被持续压榨的情况变得愈发严重。

说起外包，对"需介护"老人提供支援的工作就被外包给了介护保险。无论有什么问题都可以去找介护经理。第一次介护保险法案修订后，全国各地建起了地区综合支援中心，很多以前地方政府的工作都被转移到了这里，但由于业务内容过于繁杂，员工数量和资金都远远不足，这种情况非常典型。

上野 在政府严禁增加公务员的政策要求下，我们国立大学的教师全都从国家公务员变成了独立行政法人机构的职员。在这种情况下，能够合理合法地将保险服务交给地方政府，是因为介护属于基层政府的基本民生服务。基层政府的基本民生服务还包括义务教育。义务教育阶段的教师都是政府公务员。那按照同样的道理，护工也应当属于公务员，可在不能增加公务员的背景下，介护服务就只能选择外包。

此外，在行政改革的大潮中，管理外包制度发展迅猛，行政服务几乎全都外包给了专业机构。然后，再由用户与机构签订合同，最后由地方政府进行管理，现在的体系就是这样的。

小岛 不过，这样一来，也就拉远了政府部门与当地百姓之间的距离。毕竟，介护保险用户的生死大事全都交给了民间机构。

上野 我倒是很支持这种做法。为什么呢？坦白讲，我觉得公务员的效率太低了。护工国家赔偿诉讼案的原告藤原琉香女士在保障时代做过护工。当时，她们都算是公务员，待遇相当不错。当然，护工公务员中也会有一些人十分负责，不过，他们的整体运作的确相当低效……

小岛 没错，确实非常低效。在新座市，直到我们加入介护领域，他们才开始提供夜间服务和周末服务。此前他们的工作时间是工作日的 9 点到 17 点，周末休息。不过在新座市，早期的护工都有准护士以上的资格证书，他们都是专业人员，工作认真负责。我说的是在20 世纪 80 年代至 90 年代初，黄金计划[1] 实施之前，护工数量还没有大幅增长的时期。

上野 日本总工会的力量非常强大。他们坚决维护劳动者的权益，甚至不允许加班。从这个意义上来讲，他们算

1　黄金计划是指 1989 年日本政府制定的《高龄者保健福祉推进 10 年战略》，俗称"黄金计划"，重点在于推进照顾居家老人的服务。

不上真正的用户友好。因此，我觉得让民众自己办机构来提供他们所需要的服务不失为一个好主意。

小岛 您说得没错。当我们自己的机构开始提供服务时，我们真的是竭尽全力。周末、节假日、年末年初，我们都在坚持工作。而且，我们晚上一直工作到零点，除了深更半夜我们几乎全年无休。一开始，周末和晚间的需求真的非常大。

上野 哇，这真是太了不起了。

小岛 之前我们几乎是在志愿服务。

上野 那时候我们只有两个选择，要么是志愿者，要么是头脑僵化、不知变通的公务员。

小岛 不知变通的公务员是不可能大晚上跑来帮你解决问题的，"那为什么志愿者就要无偿提供夜间服务呢？"我很气愤，于是成立了自己的介护服务机构。

上野 我觉得将介护服务变成一项收费服务非常好。与其增加效率低下的政府公务员，不如外包给专业机构。

小岛 但我认为还是应该以更有效的方式保留一些护工公务员，以便更好地解决问题或处理复杂情况，而不是完全取消他们。

这样一来，机构可以更加灵活，有问题最后还可以由地方政府兜底。

上野 第四点是"用户与机构之间的合同关系"，我认为，这个制度在设计上有一点非常明智，就是避免直接的雇佣关系。在其他国家，比如法国，人们可以私人直接雇用护工，然后从税款中将相关费用扣除。

小岛 原来如此。欧洲自古以来就存在私人雇用家政女佣的传统，这会不会是这种传统的延续呢？当然，这只是我的一个猜测，如果您对此有更深入的了解，还请您帮我们分析一下。

上野 是的，因为欧洲存在大量移民劳工，而且欧洲社会本来就有阶级之分，很多家庭都会雇用家政女佣。如果变成与机构签合同，刚才我们也谈到了，有些人可能会抱怨自己无法选择心仪的护工。固定一个人做自己的护工当然有好处，但也存在很多问题。比如，当护工出现什么状况时，服务可能会即刻中断。不仅如此，更让人担心的其实是虐待、歧视和压迫等问题。这样的案例不胜枚举。从这个角度看，不让用户与护工之间建立私人关系，从制度设计上来讲是非常成功的。您对此有何看法？

小岛 让用户与机构签订合同，避免用户与护工之间的直接雇佣关系，这个设计确实很明智。我们这里也一直是这样做的。一直以来我们都不允许用户指定固定的护工。希望未来需要介护服务的各位朋友能充分理解，不要因为自己喜欢某位护工就强行指定她为自己服务。

上野 这一点确实应该好好表扬一下。

接下来，第五个特点是给付水平相对较高。"需介护"等级最高的 5 级用户每月限额 36 万日元，虽然还不能充分满足所有需求，但放眼全球，这个水平绝不算低。从国际角度来看，这一点是值得肯定的。不过，这个制度最初确实没有考虑独居老人居家临终的问题。

小岛 在我的记忆里，介护保险制度刚实施时，流传着一个说法——"如果'需介护'程度达到 5 级，那一个人躺在床上日子也能过"。实际上，的确有一位独居老人仅仅凭借每月 36 万日元的限额，通过上门护工、上门护士、上门医生以及租借福祉用具[1]等方式，坚强地度过了人生最后的时光。不过，护工们每天晚上的服务时间最晚只能到 21 点，所以这位老人必须接受每天被服务时间不能超过 12 小时的条件。

女性再次被迫承担起介护工作

上野 第六点是引入了"介护经理制度"。介护经理制度刚

---

1 福祉用具是指用于帮助老人维持日常生活和进行康复训练的设备和器材。包括轮椅、行走器、助行拐杖、介护病床等。

引入时也曾遭到激烈的反对。原因是日本的介护保险制度借鉴了德国与英国两国的经验，而介护经理制度是从英国引进的，英国的介护经理受雇于地方政府，这就意味着介护经理代表地方政府的利益，会诱导用户减少介护服务的使用。于是，一部分福祉专家对此提出了强烈的反对意见。

最后，日本虽然没有让介护经理成为地方政府的雇员，但允许他们隶属于服务机构。这样做的原因是他们的报酬太低了，这是一个非常糟糕的理由，因为这最终导致介护经理的独立性无法得到保障，这是这一制度从一开始就存在的重大缺陷。

小岛 我真是无法想象现在如果没有介护经理这个职业会怎么样。虽然每位介护经理都不一样，但总体来说，大多数介护经理都非常友善，愿意提供帮助。

上野 早期，用户还有"自助管理护理计划"或"我的护理计划"之类的可以不依赖介护经理的选项，自己制订护理计划。不知道现在情况如何？

小岛 目前应该还有一些人在这样做，不过人数已经不多了。现在出现了一些比较专业的服务项目，如小型多功能居家介护或定期巡回·随时响应式上门介护看护等，从专业角度来看，制订这些服务计划比较困难，不太适合自助管理。其实，即便是自助管理的计划，往往也不是用户本人制订的，大多都是家里人安排的。

上野 不是本人定的啊？

小岛 绝大部分都不是本人定的。至少在我了解的范围内，全都是家里人弄的。谁负责照顾老人，谁来制订护理计划。

上野 另外，我认为这个制度的第七个特点非常好，"介护工作的资格认证化与专业化"。与家政服务不同，想要从事介护工作必须事先经过培训，哪怕是时间很短、很简单的培训，反正必须考下资格证，才能从事介护工作。我觉得这一点非常好。

小岛 只有上门介护工作才要求持证上岗。

上野 就是这个上门介护工作特别容易被视作"任何人都能做的非熟练劳动"。因此，提高一下门槛，要求持证上岗是非常有必要的。

第八点是"需介护"等级评估制度的引入。不过，我认为这个评估制度是有问题的。

小岛 "需介护"等级评估制度是好是坏，这个问题很复杂。如果什么评估证明都没有，我们机构就不得不面对老人及其家人所提出的各种烦琐要求。而另一方面，"需介护"等级评估又不像血压或血液检查那样有一个明确的判断标准，因此，评估的结果或医生给出的意见在很大程度上会受到主观因素的影响。比如，评估标准比较重视身体功能，这就导致对痴呆症患者的护理需求等级评估过低，这个问题至今仍未得到解决。

上野 最后，介护保险制度的第九个特点是"不能领取家人照护津贴"。德国的介护保险制度是允许家人领取津贴的，当时，一些推崇德国介护制度的专家坚持要引入这一部分的内容，引起很大争议。但由于樋口惠子等人领导的"改善老龄社会妇女协会"强烈反对，最终并没有引入。我认为她们做得很好。

小岛 如果家人能够领取照护津贴，那就意味着可能会出现有保险但没服务的情况。如果没有机构提供服务，谁也不知道家庭护理会怎样，这个制度很可能会把津贴发给那些什么也不干的家庭成员。对于是否应向照护老人的家庭成员发放津贴，至今仍有很多争议，不过，我也是持反对意见的。

上野 是的。主要有两个原因，首先是家庭成员自行介护所需的金额远低于使用介护保险所需的金额，政府能更省钱。其次是这会导致女性不得不承担起照护工作。不仅如此，通过德国的案例可以看出，尽管有不少人领取了家人照护津贴，我们却无法看到他们在家中提供了哪些介护服务。这种不透明性会导致护理质量得不到有效管理，我们不知道究竟发生了什么。因此，日本没有引入这一部分的内容。

从这个角度来看，日本的介护保险制度还是考虑得相当周全的。

推广，然后再限制

上野　刚才我们介绍了介护保险制度的众多优点，下面，让我们来看一下制度实施后发生了哪些变化。首先，请看下面这组数据。这是介护保险制度实施后介护市场规模的变化（参见图22）。

从图中不难看出，制度实施后，介护市场规模显著扩大。一开始，养护机构内的服务业务占总行业业务一半以上，但后来，居家服务业务逐渐增多。当然，这主要是受报酬的影响。看到这组数据时，我感到非常惊讶，没想到人们的常识和社会观念可以如此轻易地发生改变。到了后期，"介护预防"方面的支出开始增加，关于这一点我们稍后再谈。

在介护保险制度实施的第一年，人们对此仍抱有很强的抵触心理。当时说什么风凉话的都有，比如，"就算在这儿盖了养老院，也不会有人去住"，或者"怎么能让陌生人进自己家里来呢"等等。不过，各地都有一些精英公务员，他们四处奔走，积极开展宣传工作，努力招揽潜在用户。

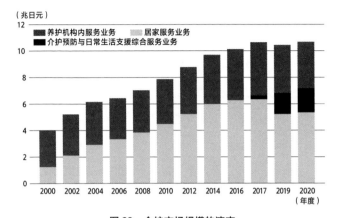

（兆日元）

养护机构内服务业务　　居家服务业务
介护预防与日常生活支援综合服务业务

图 22　介护市场规模的演变

数据来源：瑞穗证券行业研究部根据国民健康保险中央会统计做出的分析。

小岛　没错。我至今仍与其中的一些人保持着联系。如果您想了解更多制度实施初期的情况，不妨问一问他们。

上野　地方政府将最优秀的官员投入到介护保险筹备办公室，大力招揽用户。然而，仅仅 3 年之后，他们却开始限制用户的使用。

这背后的原因有两个。首先是民众的权利意识急剧提升。我记得一开始我还向大家呼吁："各位现在都有医保，我们在生病时不应该因为用到医保而感到过意不去。其实介护保险也是一样的，我们缴了保费，需要的时候就用，这是我们的权利！"3 年后，真的变成了这样。

第二个原因令我感到惊讶——大家在使用介护服务时，比较偏向于入住养护机构。以前，至少到保障时代那会儿，由于养护机构的服务质量非常差，让老人入住养护机构就和弃老差不多，子女需要面对很大的社会压力。

因此，中产阶级的子女根本不敢公开说他们将父母送进了养护机构。然而现在，他们可以大大方方地说"我母亲住在养老院里"，因为这被视为用户权利，越来越多的人认为应该将父母送入养护机构，弃老的偏见很快就消失了。而这里所谓的"用户"实际上并不是老年人本人，而是他们的家人。而且，慢慢地，养护机构的服务水平也不断提高，现在已经出现了全是单间的特殊老年护理院。在介护保险制度实施的第一年，人们对养护机构的看法还不是这样。

这让我深切地感受到社会观念真的可以在短时间内轻易发生改变。

小岛 看到这个图表，我认为我们还需要考虑另一个因素。虽然居家介护业务出现了明显增长，但我听说大概从 5 年前开始，做上门介护的员工报酬中有 30% 来自老年公寓和住宅式收费养老院。因此，我们不能简单地说居家介护业务增加了。我们必须认识到所谓的居家介护业务有些也与养护机构有关。虽然说是"居家"，但无论是入住老年公寓的老人自己还是他们的家人，其实都觉得他们是"住进了养护机构"。所以说一部分使用居家介护的对象并没有住在自己家中，而是住在养护机构里。

上野 《高龄者居住法》（旨在确保老年人稳定居住权的法律）颁布于 2001 年。由于特殊老年护理院等设施建设成本太高，如果继续建设，就不得不提高保费标准，因此国家开始控制这类设施的总量。

此后，只好用老年公寓来填补这方面的缺口。当时，由于经济不景气，一些完全没有介护经验和业绩的建筑商为了获取补贴纷纷进入老年公寓市场。老年公寓的入住者大多是单身。虽然也有夫妻共同入住的情况，但并不多见。

小岛 是的，《高龄者居住法》刚颁布时，我去参观了国土交通省为老年公寓项目举办的建设说明会，出席者基本上都是穿着西装的商务人士，看上去与介护行业毫不相干。当时正处于"消失的 20 年[1]"时期，再加上人口老龄化不断加剧，建筑行业十分惨淡，所以大家纷

1　日本经济在 20 世纪 90 年代初期进入了长期停滞。21 世纪 00 年代称之为"消失的 10 年"，21 世纪 10 年代称之为"消失的 20 年"，21 世纪 20 年代称之为"消失的 30 年"。

纷涌入这个领域。我记得当时有一位搞房地产的大叔居然还跑来问我"怎样才能让 Group home 有利可图"，我只能告诉他"我们到现在还没有实现盈利呢"。

上野 由于老年公寓本质上还是住宅，所以向老年公寓的入住者提供服务就相当于居家介护业务中的上门介护服务。在介护保险的财政支出中，自从居家服务部分所占的比例大于养护机构部分之后，老年人的家庭结构也开始出现变化。只有夫妇两人的老年家庭与独居老人的家庭数量不断增长。我在实地调查时感受到的一点是，早期社会上那种不愿意让陌生人进入家中的抵触感已经减弱。而且这种抵触感并非来自老人，更多的其实来自他们的家人。

而一旦家中成员只剩下两位或一位老人，即使他们对此有抵触感，也不得不为了享受介护服务而妥协。正是在这样的背景下，需要他人帮助的人逐渐增多。

小岛 确实是这样的。另外还有一个原因是，上门介护服务现在使用起来越来越不方便，因此有些人不得不离开自己的家，住进老年公寓。他们觉得老年公寓相当于养护机构，住进去就可以得到照顾。

上野 是的。用户住在老年公寓的话，对于提供服务的机构来说，不仅可以收取住宿费和管理费，还可以提供上门介护、上门护士和上门医生等服务，这种模式的收益率是最高的。总费用每个月可以达到 20 万到 30 万日元，对用户来说，这是笔不小的开支。我听说，在收费养老院和老年公寓市场中，支付能力在每个月 20 万日元左右的这部分市场已经饱和，供给市场已逐步扩大到每月 10 万 ~ 15 万日元左右的用户家庭。也就是说，市场已经扩大到能兼容低收入阶层，只有这样才能填满床位。因此，老年公寓的收费标准还会不断降低。

至于上门介护服务这部分，就是从老年公寓市场扩大开始，政府加强了对此类机构"不当使用"介护资源的监管，同时对有同居家人的用户家庭加大了限制，使他们无法再使用生活援助等服务。

小岛 我听说这些措施很早以前就开始实行了，大约是从 2006 年第一次进行法案修订时就开始了。

上野 从第一次修订开始，政府就启动了对用户的限制。这种做法令人感到十分不解。明明在制度实施的第一年，我们还在那么努力地挖掘用户。

小岛 介护保险制度刚开始实施时，正值经济不景气的时期。建筑行业从一开始就盯上了为痴呆症患者提供服务的 Group home 项目，他们在地价便宜的大城市周边地区选址建设，从而令居住在城市中心的痴呆症患者大规模迁移过来。我听说正是由于出现了这种情况，介护保险法第一次修订时新增了"地区密集型"这个类别。因此，在群马县或埼玉县北部这样的地方，Group home 如雨后春笋般大量涌现，但随后政府又立即出台了限制措施，说"地区密集型"Group home 只允许当地居民入住。群马县等地的 Group home 从很早以前就开始限制外地居民入住。

第 5 章

被压迫的女性和被抛弃的老人

女性不是免费保姆

上野 介护保险制度既取得了一定的预期效果，也带来了一些非预期效果（参见图 23、图 24）。预期效果之一是权利意识的萌芽。这是一个非常积极的成果。日本的纳税人对增税普遍抱有强烈的抵触情绪，因此，政府在一开始就假借了保险之名。但事实上，介护保险是所有 40 岁以上的公民必须加入的，而且是直接从工资或养老金中扣除的，实质上就是增税。因此，介护行业才会发展到如此规模。介护行业的人才也是在市场需求的推动下培养起来的。

小岛 您说得没错。大约从 2000 年开始，年轻人大批涌入介护行业。而这些人中，坚持下来的人数量极少。原因在于他们并没有得到真正的重视。那时，我曾碰到一位 21 岁的女性，她高中毕业才 3 年就来参加痴呆症患者 Group home 管理者的培训课程，这让我感到非常惊

1. 权利意识的提高

2. 实质税收增加
    ➡ 介护服务准市场的建立与扩大

3. 介护工作的有偿化（女性的无偿劳动转变为有偿劳动）
    ➡ 但薪酬水平低，就业不稳定

4. 暴露了家庭介护的现实情况
    ➡ 高龄者虐待防止法

"探照灯照进了家庭的黑暗深处。"（樋口惠子）

图 23　介护保险制度的预期效果

1. 倾向于将老人送入养护机构（弃老偏见的消除）
    之后，居家服务需求开始增加（老年夫妇和独居老人开始增加）

2. 量益负担[1]原则造成的使用限制（面向低收入人群的服务质量下降）

3. 服务逐渐向低价位集中 ➡ 介护机构经营困难

4. 帮助老年痴呆症患者方面存在困难

图 24　介护保险制度的非预期效果

1　量益负担：指与个人的收入和能力无关，根据个人所获得的利益承担相应责任。

讶。尽管从制度上来说这并没有问题。她来自 COMSN 公司，但没过多久这家公司就因欺诈骗保倒闭了。如果当时能有一个完善的体系好好培养这些年轻人，那么他们现在肯定都已成为在介护行业拥有 20 年以上经验的资深人才，在各个岗位上发光发热。与保障时代相比，我们确实培养出了一些人才，但不可否认的是，我们也失去了很多很宝贵的人才。就我自己的机构而言，2003 年时，我们仅有二十几名员工，而现在我们的员工人数已超过 100 人，其中，我们培养出不少让我们引以为傲的优秀中层和很多有实力的年轻员工。

上野 介护保险第一年的市场规模约为 4 兆日元，20 年后已增长至 13 兆日元，如此大规模的资金都是从全国 40 岁以上的居民口袋中硬挤出来的，所以它必须取得相应的效果。

另外还有一点是介护保险专家们不太提及而我经常挂在嘴边的，那就是"介护不是免费的"这个观念已经在民众心中得以确立。

小岛 确实如此。不过，低价问题也一直存在。这有点像《谁煮了亚当·斯密的晚餐？——女性与经济学的故事》（凯特琳·马歇尔著，高桥璃子译，河出书房新社）一书中提到的情况，虽然不完全相同，但由于介护工作很难可视化，政策制定者往往认为低价是理所当然的。

上野 这也是一个很重要的影响。你得明白，如果你需要他人的照顾，那就不会是免费的。而一旦劳动有了定价，之前的"无偿劳动"就会遭到质疑。不过，即便是有偿劳动，介护工作仍处于薪资水平低、就业不稳定的状态，这些至今仍未改变。女性被迫在家中提供无偿劳动可以被称作"个体父权制"，那么外出劳动却只能领取与劳动不对等的低薪则可被称作"公共父权制"。无论在家庭内部还是外部，父权制都在四处横行。

还有一点，家庭介护以前一直被过度理想化，但在介护保险制度实施后，人们开始对家庭介护的优越性产生怀疑，于是，虐待、疏忽等家庭介护的阴暗面开始呈现在大众面前。《高龄者虐待防止法》就此诞生。

小岛 这些问题很快就暴露出来了。

上野 用樋口惠子女士的话来讲就是，介护保险如同"探照灯照进了家庭的黑暗深处"。这真是一句名言。

在封闭的家庭关系里，介护过程中发生的问题往往不为人知。而如今，虐待、疏忽甚至被杀害等问题逐渐暴露了出来。这是一件很好的事情。

小岛 四五十年前，我曾亲眼见过这种情况。在农村，卧床不起的老人往往一整天只能待在昏暗的储藏室里，没有人管。家人一早就下地干活了，出门前，他们会在老人枕边摆好饭团和茶水，在家人从地里回来之前，老人都只能窝在潮湿的被子里，别无他法。这就是当时农村的真实情况。因此，当我听到龟井[1]在发言中将家庭介护称作日本的传统美德时，我真是大吃一惊。他一定是按照大城市里中产阶级家庭每户至少一位保姆的标准来认识这个问题的。

被微波炉捆住的手脚

上野　不过，介护保险制度也带来了一些非预期效果。比如，市场一放开，大家发现人们对养护机构的需求出乎意料的高，关于"弃老"的偏见瞬间便消失了。

介护保险制度最大的问题是采用了保险的方式，而非税收的方式，并且，介护服务的费用是按照量益负担原则来收取的，而非量能原则。也正是这一点遭到了残障人士团体的猛烈抨击。有些残疾人每天要接受 24 小时不间断的生活辅助，如果按照量益原则，那他们

1　龟井静香（1936.11.1—）是日本的政治家。2000 年 3 月，在介护保险制度即将实施之前，时任自民党政务调查会会长的龟井发言称"子女照顾父母是日本的传统美德"，对介护保险制度进行质疑。

连呼吸都要花钱，为此，他们提出了强烈的抗议。由于采用量益原则，与保障时代相比，低收入人群接受到的服务质量明显下降。虽然只要有购买力，问题就不大，但老年人家庭的问题就是购买力不足。话又说回来了，这不是介护保险制度的问题，而是养老保险制度的问题。

小岛女士，您对介护保险制度实施前后的情况都比较了解，我很想请教一下您的看法。我一直在观察由互助服务过渡到介护业务的过程。家庭护工被分成家务援助和身体护理两个类别，而且它们之间的报酬差距非常大。

小岛　身体护理的报酬定在每小时 4020 日元左右，而家务援助则是每小时 1530 日元左右，相差两倍以上。

上野　介护保险制度带来的另一个非预期效果是，用户选择的服务向低价位集中。这无可厚非。不过这样一来，就像您刚才提到的，所有介护服务机构将陷入经营赤字。现在的问题是，身体护理的报酬设定得相对较高，但家务援助（现在称为生活援助）的报酬则定得很低。介护领域的从业人员一直在要求将生活援助和身体护理两类服务合并，取消分类，统一劳动报酬。于是我问过一些人，"如果将两类服务合并，你认为报酬设定为多少比较合理？"对此，很多人给出了非常保守的回答。有人提出，两类服务合并后，报酬定在每小时 3000 日元左右就可以接受。对此，您有什么看法？

小岛 我觉得最好能再高一些。目前，不算特别津贴的话，一小时之内的身体护理大约要 3960 日元。如果生活援助也按同样的标准计算，可能就需要个人负担一部分，所以最好能定在 3500 日元左右。

上野 也就是说 3500 ~ 4000 日元这个标准比较理想。

小岛 是的。各个机构在考虑这个问题时都非常谨慎。

上野 很多人都觉得如果将两类服务合并，将报酬定在每小时 3500 日元以上是可以坚持做下去的。一线的从业人员普遍认为，身体护理可以标准化，但生活援助是无法标准化的。

小岛 生活援助其实非常复杂，因为每个家庭的情况都不一样，工具摆放的位置也各不相同，有的家里可能还没有吸尘器或冰箱等设备。现在，介护时间都是按养护机构的标准设定的，这简直是在开玩笑。身体护理其实也有同样的问题，但生活援助更为复杂，因为它需要适应各种不同的环境和需求，不能与设备齐全且均为无障碍设施的养护机构相提并论。

我听说在其他机构还遇到过这种情况，穷困的老人让护工帮忙购物，有一位护工居然只花了 100 日元就烹任好一餐。不过，由于最近到处都要求缩短服务时间，这种技能已经快没有用武之地了。

上野 确实如此。我也曾参观过护工的工作现场，现在几乎家家都有微波炉，但每家微波炉的规格型号都不一样。我常常租车开，虽然每辆车的型号不同，但操作都是一样的，所以我可以开着车到处跑。但微波炉并非如此。你又不能要求每个用户上来先教一遍微波炉的使用方法，因此看到那些护工无论去哪里都能熟练地操作各种型号的微波炉，我就感到非常佩服，他们怎么都这么厉害啊！

小岛 有一次，我招呼几名护工到我家里吃饭，吃完饭她们主动帮我收拾。我什么话都没说，她们就把所有东西都清理得非常干净，还全都放回了原位。她们能够一眼就记住别人家厨房的结构，知道什么东西该放在什么地方。

上野 虽然她们一眼就能了解厨房的结构，但每个家庭的结构都是不同的，而且没有统一的规则可循。每个房间都是按照个人的喜好和要求布置的，例如，洗过的碗应该放在哪里之类，每个人都有自己的习惯，这是很随意的，而护工们必须适应，这是非常了不起的。

小岛 有时，有些用户还会抱怨，说护工干活儿的方式和他家的习惯不同，埋怨护工不按照他们的要求做事。

上野 能做好家务是一项很了不起的技能。那些大叔们总觉得这些活儿"是个女人就能做"，我真想让他们自己也干干试试。

小岛 而且，这和你在自己家里那点儿地方干活儿还不一样，不能想怎么干就怎么干的。可这个道理你跟他们说了，他们也不懂。不只是那些大叔们，还有很多以前一直当家庭主妇的老人，她们对待护工就像是恶婆婆一样，一直"盯着"护工干活儿。真希望她们能真正理解护工的辛苦。

上野 是的，工作和家务是不一样的。

这也导致了目前护工人手短缺的问题。您认为，当时将护工服务分为两大类的原因是什么？还有，为什么要在这两类服务之间设定如此巨大的报酬差异？

小岛 主要原因应该还是为了控制支出，一直有人在不停地追问我们："护工每天到底在做什么？"

上野 身体护理类服务的报酬在当时来讲，应该是破格的吧？

小岛 我觉得也是。

上野 厚生劳动省的观点是，由于当时服务供应机构太少，为了鼓励更多机构进入市场，他们采取了一些激励措施。不过，这和生活援助类服务的差距实在太大了。

小岛 结果导致最近有些所谓的大机构干脆放弃了生活援助

类服务。

上野　没错。我认识的一家小型服务机构的负责人就跟我讲，"大机构不做的低价服务全都交给我们做了"。

小岛　事实确实如此。

上野　您说的情况和我在一线观察到的基本没有什么差别。

小岛　是吧？大家的情况都是一样的。这不是某一家介护机构或者某个地区的问题，无论需介护对象在哪个城市，都会面临同样的情况。

家务活是不可能在 1 小时内完成的！

上野　接下来，让我们看看介护保险法案修订的黑历史。我做了一个表格（参见表 3、表 4）。

小岛　刚开始时，他们说要"边行动边思考"，没想到结果却是这样。

上野　令我感到震惊的是，原本以小时为单位计算报酬的标准被划分得越来越细。虽然价格并没有改变，但单位时长变了，现在是以 20 分钟或 40 分钟为单位来计算时长。这样一来，护工的工作时间变得非常紧张，根本无法与用户进行充分交流。他们利用这种卑劣的手段让介护服务变得越来越难以使用，然后又通过规范使用指导不断增加各种限制。介护保险法案每 3 年进

表 3　介护保险法案不合理修订史

2000 年 4 月	介护保险制度正式实施。
2005 年	将"需介护"1 级调整为"需支援"1、2 级。
2006 年	由于虐待、死亡、自杀等案件增多,《高龄者虐待防止法》颁布实施,但实施后,虐待老人案件的数量仍在继续增加。
2008 年	COMSN 公司虚报介护报酬骗保事件后,以"遵纪守法"为名强化了监管控制,如"撤销指定机构"等。
2010 年	《高龄者居住法》颁布后,"居住"与"服务"分离,产生了老年人被孤立的问题。
2014 年	对共计 19 种相关法案进行了修订。"需支援"级别的上门介护和日托介护被划分到"综合服务"项目。达到"需介护"3 级以上才能入住特殊老年护理院,入住单间需缴纳酒店费[1]的自付比例上调。根据个人收入,有些自付比例上调至 20%。
2017 年	向市区村镇下发介护改善奖励津贴[2],与残疾人及儿童福利项目协同服务[3],根据个人收入,有些自付比例上调至 30%。
2020 年	高额介护服务费的支付标准额提高,非居民税纳税家庭在短租公寓或养护机构内的餐费自付比例提高,介护改善奖励津贴加倍等。
2023 年	上次修订中暂缓执行的多项不合理内容重新纳入修订讨论范围,如:将"需介护"1、2 级划分到"综合服务"项目,制订护理计划需收费,扩大自付比例 20% 的人数等。

1　酒店费是指入住特殊老年护理院等介护设施时产生的住宿费、电费、煤气费、餐费、日用品费等介护服务以外的费用。从 2005 年 10 月开始,这些以前覆盖在介护保险范围内的费用原则上都改为自付了。

2　以往的介护保险制度下,"需介护"级别下调后,机构获得的介护报酬和盈利会相应减少,因此机构往往不愿意积极采取措施改善老人的身体状况,而奖励津贴旨在鼓励机构积极采取措施,帮助老人更好地实现自立,防止病情恶化。

3　协同服务旨在促进介护保险与福利保险之间的协调与融合,使其中一种保险的指定机构更容易提供另一种保险指定的服务,以提供更全面的支持。

表 4 介护保险报酬修订（3 年一次）

2003-2006 年（第 2 期）	下降 2.3%。自立支援、介护预防、上门介护的生活支援类服务报酬降低。身体护理类服务报酬增加。
2006-2009 年（第 3 期）	下降 2.4%。"需介护"1 级调整为"需支援"，上限额度降低。
2009-2012 年（第 4 期）	增长 3.0%，但有可能因为地区附加费用而有所增减。
2012-2015 年（第 5 期）	增长 1.2%，但实质上负 0.8%。
2015-2018 年（第 6 期）	下降 2.27%。自付比例 20%，补充津贴，"需支援"转移到地方政府。
2018-2020 年（第 7 期）	因消费税上涨，不同介护程度的费用上限提高 0.39%。
2020-2024 年（第 8 期）	下降 0.7%，其中 0.05% 是为了应对新冠肺炎疫情。
2024-（第 9 期）	在其他行业工资上涨、物价飙升的背景下，未见报酬增长的趋势。

上野根据服部万里子《介护保险 20 年的坎坷历程》中的内容制成的表。

行一次修订，每次修订都带来了一连串问题，简直是一部黑历史。

小岛 生活援助类服务的最小单位时长变成了"20 分钟以上、40 分钟以内"。有人抱怨过，这点时间连洗衣机都转不完。明明一天的家务活是不可能在 1 小时内完成的，但按照规定，你又无法一天接受多次生活援助。

上野 2023 年即将进行的史上最糟糕修订将是这段黑历史

的延续。我们举行抗议集会时，曾有一位记者问道："这次修订哪里就最糟糕了？它和以往的修订有什么不同？"如果是您，您会怎样回答这个问题？

小岛　（笑）站在一线从业者的角度来看，这次修订就是把所有不该做的事情一个不落地做了个遍。

上野　没错，我觉得已经到了"忍无可忍"的地步。

小岛　是的，您说得非常准确。不过，可能只有一直关注这个问题的专业人士才会明白，本次修订中要修改的全都是我们不希望改变的内容。

小岛　您认为哪些变化性质比较恶劣？

小岛　让我想一想啊，这可不止一个两个，简直就没有不恶劣的。比如：将上门介护和日托介护都划到"综合服务"[1]里；将一开始的介护经理[2]服务从免费变为收费；原则上介护服务费的自付比例上涨到20%，等等。感觉各种不可思议的事情全都摆在你面前。

1　综合服务是 2015 年介护保险法案修订后创立的新部门，由地方政府负责管理，2017 年 4 月开始运行。过去全国统一服务标准的"需支援"1、2 级介护服务被划到综合部门后，变成按地方政府制定的服务标准执行，而且服务主要由志愿者承担，各地区之间服务质量差异较大。
2　介护经理可以帮助需介护对象进行"需介护"级别认定，并提供制订介护计划、沟通介护内容等服务。该服务收费后会增加用户介护服务使用成本，降低用户使用意愿。

半夜在脑海中敲击的计算器

上野 之前最让我感到愤怒的是 2006 年的修订，那次修订是要向特殊老年护理院的单间入住者收取酒店费。我们要保护老年人的尊严，难道不应该以独立的房间作为前提吗？

小岛 介护保险制度刚开始实施时提出的口号就是要保护老年人的尊严。

上野 养护机构不是医院，是老年人生活的场所，因此让老年人拥有独立的房间是一个非常重要的前提。厚生劳动省在 2003 年高调宣布，只给新型特殊老年护理院[1]发放补助金。于是，各大机构都铆足力气建造全是单间的特殊老年护理院，然而仅仅过去了 3 年，厚生劳动省就变卦了。

小岛 是的。大家都说他们刚爬到二楼，政府就撤了梯子。

上野 我震惊至极。难怪机构经营者会感到愤怒。而且，这

1　新型特殊老年护理院：与传统的特殊老年护理院不同，入住者不需与他人共享卧室，每个房间都是独立的。通常以 10 个房间为一个单元，单元内共享起居室、厨房、浴室等设施。新型特殊老年护理院提供与居家生活环境相似的居住条件，以及符合入住者个性及生活节奏的日常生活护理。该模式诞生于福利大国瑞典。日本自 2001 年以来，一直在推进新型特殊老年护理院的建设，2017 年，新型特殊老年护理院在所有特殊老年护理院中占比已达43.6%，目标是在 2025 年占比超过 70%。——原书注。

笔酒店费也不是小数目。一个房间大约需支付 7 万日元。地方上没有多少人能负担得起这笔费用。厚生劳动省就这么满不在乎地朝令夕改。

住单间需要额外缴纳房费，也就意味着单间并非养护机构的标配。换句话说，这就相当于医院收的差额床位费。这次，他们好像连多人间都要加收房费了。简直是乱来。

小岛 他们的态度已经非常明确了，就是能收尽收。

上野 本来入住养护机构就是以住宿为前提的，而且应该都是独立的房间。

小岛 这些不合理的修订害我吃了多少苦头啊。

我们是在 2003 年成为 NPO 法人的。当时我们算好了独立后的收入，贷了款，还制订了还款计划。总体来说，到那时为止，一切都是按计划进行的，但 2003 年的法案修订中将介护报酬降低了 2.3%，一切都乱套了。"介护保险泡沫"到 2003 年就破灭了。我们刚一独立，护理报酬就降低了，我们的还款计划彻底被打乱，真是飞来横祸。

上野 这就相当于等大家都上了牌桌后忽然更改规则，是最下作的做法。

小岛 是不是很过分？简直比猜拳时慢出手还讨厌。这搞得我们根本无法制订长期计划。房屋改建、新员工培训都需要资金支持，降低了介护报酬以后，我们就无法再制订这些计划。那次修订对于提供介护服务的机构来说，真是被打了个措手不及。

上野 这些情况，作为当事者，你们要大声说出来才是啊。

小岛 我们一直在呐喊，一直在呼吁。但遗憾的是，我们的声音并没有传达出去。

上野 现在回顾这一切，还是会心有余悸吧。

小岛 那时我半夜睁开眼，脑海中都在敲计算器。满脑子想的都是钱能还得清吗？工资发得出来吗？

上野 那时，我认识的一些服务机构不得不四处向护工低头道歉。

小岛 不过，我是不会让护工吃亏的。至少不能降低他们的工资。就我个人而言，2003年成立NPO时，我是法人代表，当时我的年薪只有300万日元，再高我们就无法维持下去了。然后，在相当长的时间里，我都是靠自己的储蓄撑下去的，那也是一笔数目不小的钱呢。

上野 现在您做法人代表的年薪有多少？

小岛 现在大约是600万日元，增加了一倍。不过，我们运营着价值接近4亿日元的业务。

上野 如果是男性，在跟您相同的年龄做同样的工作，薪酬肯定会更高吧？

小岛 至少得拿 2000 万日元吧。但如果我也拿这么多，我们就无法运营下去了。

上野 仅靠自己的力量筹措资金已经超出了极限，所以，对这次修订爆发愤怒也是理所当然的。

小岛 很遗憾，我完全不了解年薪 2000 万日元的法人代表是如何经营业务的。不过，也正因为如此，我们的全职人员比例一直比其他服务机构要高。可惜，这些努力也将随着这次不合理的修订化为乌有。

第 6 章

时而进，时而退

越来越低的薪资报酬

上野 2022 年秋天，在介护保险制度实施后的第 22 个年头，一场史上最糟糕的法案修订计划即将推出。对此，樋口女士、我以及小岛女士等人都有了一种危机感，我们不能继续沉默下去。于是，我们联合起来举行了抗议活动（参见图 25）。接下来，我想将我们在抗议集会中所揭示的本次法案修订的种种弊端，按照不同主题给大家整理一下。

小岛 现在回顾起来，感觉我们当时真的挺厉害，真的。

上野 我们这次抗议活动之所以能够顺利举办，主要得益于新冠肺炎疫情以来远程在线办公技术的迅速发展。我们可以邀请全国各地不同立场的人参与进来，而且无需支付场地费用，总成本也不高。最后一次集会的参与人数超过了 1 万人。我们一共举办了 5 次线上集会，总共有超过 4 万人次参与。而在现实生活中，1 万人

1. 反对将自付比例提高到20%。
2. 反对将"需介护"1级和2级的上门介护和日托介护服务划归到"地区支援及综合服务"部门。
3. 反对将介护经理服务改为收费制。
4. 反对将一部分福祉用具由租赁转为购买。
5. 反对在养护机构内引入机器人以减少员工配置。

图25　坚决反对史上最糟糕的介护保险法案修订

以上的集会只有东京巨蛋才能承办。

远程在线办公的普及可以算是新冠肺炎疫情带来的一个积极影响。不过我还是想抱怨一下，介护行业里的很多人一听说要线上开会就表示"我不太会上网""我不行"，搞得我最后不得不一直在背后提供技术支持。

小岛　非常抱歉。

上野　新冠肺炎疫情时，我们大学老师一直在网上授课，要是其中有人说"我不行"，可能马上就要被解雇了。

小岛　的确如此。我们自认为上网水平已经达到了最低标准，当然，跟上野老师的要求还有一定距离。不过，我们真的已经尽力了。我自己也觉得这次经历的确是一次很好的锻炼。

上野 我们之所以举办这次抗议活动，就是因为您当时在群发邮件里问了一句"我们就这样放任不管吗？"那是在 2022 年 9 月。

小岛 然后，那年 10 月就举办了第一次集会活动，接下来更是势如破竹。而且，本来计划只举办三次集会活动，您还大胆地提出要举办第四次。

上野 没错。这一切都得益于 2020 年我们举办过的一次抗议活动。现在回头看，能参与那次活动真是太好了。

小岛 那次抗议活动刚好是在新冠肺炎疫情爆发之前吧？

上野 没错，正好赶在新冠肺炎疫情爆发之前。就是在那个时候，我们建立了网上协作小组。

小岛 多亏了这个网络小组，我们才能完成这么多事情。

上野 这三年疫情搞得大家都很疲惫，不过，我们这个网上协作小组重新启动了。我想先简要介绍一下我们成立的过程。一开始是我和樋口女士随口聊的一个想法。2020 年的那次法案修订也很不合理，我们俩都觉得这样下去不行，不能坐视不管，不如干脆一起做些什么。

好在樋口女士当时已经创建了"改善老龄社会妇女协会"这个平台，而我作为"妇女行动网络小组"的主席也提供了另一个平台，我们有现成的硬件设施和人才，这一点非常重要（参见图 26）。

这次抗议活动刚开始时，我其实还不太了解究竟发生了什么。能不能请您先为我们解释一下究竟发生了什么？

小岛 虽然此前就已多次露出端倪，但这次修订，国家是把各种问题一次性摆了出来。

第一个问题是将自付比例标准提高到 20%。之前自付比例的标准是 10%，虽然根据收入不同，有些人也需要负担 20% 或 30%，但这次修订提出要将基本标准翻倍，这是一个非常不切实际的建议。

第二个问题是将"需介护"1 级和 2 级的上门介护与日托介护都划归为"综合服务"，这实在是个糟糕的

"距离实现居家（自家）养老越来越远……"（樋口惠子）
2020 年 1 月 14 日众议院议员会馆
"绝不允许介护保险制度倒退"抗议集会

介护三人组
樋口惠子
大熊由纪
上野千鹤子

图 26　居家养老岌岌可危！

主意，因为这意味着这些服务将不再由介护保险给付费用。这是一个很复杂的问题，稍后我会再详细解释。

目前，介护保险的给付是用户的权利，只要被保险者通过了"需介护"等级评估（包括"需支援"等级评估），就能获得介护服务费用，即使保险账户透支，也必须进行相应修正，为用户给付费用。

可如果划归到"综合服务"，获得介护服务就不再是一项权利。很多人认为，既然同样都能获得服务，应该没有什么区别，但是"综合服务"的预算上限是固定的，只要达到上限，他们就可以不再提供服务。而且，如果是在介护保险的范围内，只有接受过初级培训以上的护工才能提供上门介护服务，而划到"综合服务"后，护工只需接受几天简易的培训就能上岗，目前那些被评估为"需支援"的用户已经被划到"综合服务"里了。

然而，由于上门介护服务已经以低薪闻名，现在的做法等于又创造出一个报酬更低的类别，所以并不会吸引更多的从业者加入。虽然此项变动目前暂未实施，但他们已经试图将这种变动扩大到介护等级高于"需支援"的"需介护"1级和2级的用户身上了。而这两个级别的用户包括痴呆症早期和中期的患者，需要服务提供方具备相关的知识和护理技能。

第三个问题，设置护理计划的初衷是要在入门阶段提供免费咨询，一开始就是不收费的，但据说这个项目马上也要收费了。

第四个问题，一部分福祉用具将从租借变为购买。

第五个问题，虽然这次的修订案中没有提到机器人，但他们即将推出的计划中包含了要引入机器人以减少员工配置的内容。

以上这些内容都是他们这次一口气提出的（参见图25）。

一口什么都往里放的大锅

上野　关于"综合服务"的问题，请您再为我们具体讲解一下，普通民众可能还无法理解（参见图27）。

小岛　这是一个非常复杂的问题。"综合服务"的全称是介护预防及日常生活支援综合服务，它是一个由地方政府负责的服务项目，不在介护保险给付的范围内。"综合服务"现在就像一口大锅，什么东西都往这口锅里放。"需支援"阶段的服务本来是介护保险里最基础的部分，现在也被扔入其中。

他们先是在介护预防阶段把"需支援"1级和2级的用户分别划分为"上门介护"和"日托介护"的服务

〈一般介护预防服务（65 岁以上全员）〉
介护预防及生活支援服务（需支援 1、2 级）、上门介护、日托、生活支援服务、制订护理计划。

〈综合服务〉
1. 等同于以往的提供上门介护及日托介护（身体护理、生活援助）服务的介护机构；护工低薪酬，相当于原薪酬的 75%。
2. A 型（仅提供生活援助）：放宽标准后的服务；护工接受过培训但无资质，低薪酬。
3. B 型（仅提供生活援助）：以居民为主体的服务；无资质的志愿者，义工价格（当地最低薪金）。

利用民众的善意降低福祉成本？

图 27　什么是综合服务？

对象，再从各个方面降低门槛，方便新的服务机构进入市场。这就不可避免地导致服务质量下降。

另外，想成为护工需要考证，但这个证书培训短短两三天就能获得，这样做也是为了降低服务成本。然而，实际上并没有机构愿意承接这项服务，最后政府只能再设一个"等同以往"的选项，价格比较接近从前的介护保险，然后机构都去选择这个价格比较高的选项，这就是现状。

事实上，已经有很多人反映，自从被划到"综合服务"，不少"需支援"的用户无法再获得所需服务，我也听说过一些具体的例子。其实，就连我们自己的机构都已经无力承担"需支援"级别的护理工作了，因为光是照顾"需介护"级别的用户就已经让我们忙得焦头烂额。这本来是一个非常严重的问题，但一直没有得到足够关注。

上野　这就是在利用民众的善意降低福祉成本。

小岛　没错，就是这样的。但问题在于，尽管他们想利用善意，但没有人愿意提供这种善意。

上野　是啊。现在的问题是，尽管"上门介护"和"日托介护"属于"生活支援"服务，他们却想把它们从介护保险中剔除出去。他们的目的是把"生活支援"从介护保险服务中剔除，最后只保留"身体护理"这一项。厚生劳动省早就有这个想法，现在他们的这种意图愈发露骨了。他们似乎认为"生活支援"服务不应该由介护保险买单，而应该由社区志愿者来提供。

小岛　在过去的三年里，由于新冠肺炎疫情，人们一直被迫生活在封闭的生活圈子里，别说志愿者了，就连接触邻居的机会都很少。而与此同时，提供上门介护服务的护工们却一天都没有休息，他们并没有领取多么丰厚的补助，但仍坚持到感染者居住的地方进行服务。尽管不是所有机构、所有护工都能做到这一点，但通过这一事实也可以看出，完全依赖志愿者存在极大的风险。

上野　的确如此。

政府的面子工程

上野　其实以前政府也搞过介护预防服务。您还曾在自己的
著作中对此表达了极大的愤怒。

小岛　是的。介护保险的本质是提供介护服务，然而从某个
时刻开始，介护预防服务突然出现了。第一次法案修
订提出这一概念后，介护预防服务就被单独分割出
来，使用介护保险的资金开展各种各样的活动。

这些活动统称为"地区支援综合服务"，如痴呆症患
者支援、介护预防、"痴呆症咖啡馆[1]""交流平台""体
操教室"等。这些活动本应属于老年福祉事业或卫生
保健事业的范畴，而非介护保险应负担的对象。介护
保险的主要任务本应是为被评估为"需介护"的人提
供服务，介护保险法中非常明确地规定了这一点。然
而，随着介护预防活动不断扩大，最根本的介护服务
数量却在不断减少。而且很少有人真正理解其中的

1　痴呆症咖啡馆是一个为痴呆症患者及其家人、医疗介护方面的专业人士以
及当地百姓提供信息交流、咨询的平台。

风险。

上野 这就导致介护预防与日常生活支援综合服务的支出不断增加，如图 22 所示。为什么会出现这种情况呢？

小岛 事实上，这个项目刚推出时，大家都对此表示欢迎。像我们这样的反对者可能一直被视作"杠精"。

上野 我认为，这种思维背后有一个概念，就是介护保险中常常提到的老年人"自立支援"。"自立支援"强调的是"不使用介护保险的人很了不起""脱离介护保险才算自立"，这变成了介护保险的主要目标。例如，若老年人的"需介护"等级从 3 级降到 2 级或从 2 级降到 1 级，有些地方政府会给予奖励。

小岛 和光市就是其中一个典型案例。

上野 听说和光市在举办脱离介护保险的宣传活动时发生过丑闻。我在读了您的著作后才了解事情的始末。能不能请您再给我们讲解一下？

小岛 那是介护保险制度实施以来性质最为恶劣的一起事件。那次活动的名称是"介护保险，我们毕业啦！"，为了让被评估为"需支援"的人不再使用介护保险，现场提供了各种各样的活动项目，甚至包括百家乐。这些活动怎么可能帮助他们强身健体呢？我感到十分费解。但当时，那些"需支援"的人参加了这些活动后，就从"需支援"变成了不需支援，现场还为他们颁发了毕业证书。

活动的参与者主要是一些 70 多岁，最多也就 80 岁出头的老年人。他们刚刚迈入高龄老年人的阶段，身体还有一定的恢复能力。

后来我们才发现，和光市显然是人为地降低了被评估为"需介护"级别的老人数量。从数据上看，和光市的"需介护认定率"很低，但实际上，这是因为他们在背后做了很多手脚。

上野 他们可是被当作全国示范城市啊。

小岛 他们好像很以此为傲。和光市是一个特殊的地区，在埼玉县内是数一数二的老龄化率较低的城市。即使现在，老龄化率仍然只有 18%。在地铁沿线，公寓楼盘一座接一座地建起，年轻的劳动人口不断涌入。由于毗邻东京都，居住在这里的多是经济能力较强、有一定纳税能力的人，所以，和光市在埼玉县中属于较富裕的地区之一。

因此，他们可以将一般公共预算收入纳入介护保险，这是其他地区无法做到的。当然，他们也不敢明目张胆地这样做。总之，他们就是通过这样的方法，号称生活在这里介护等级不会升高，介护保险费用低廉，如果做好预防，脱离介护保险的人数就会不断增加。

然而，这是不可能的。即使你能在 70 多岁的时候一度告别介护，可一旦进入八九十岁，肯定还会需要介护服务。明明这个道理人人都懂，为什么大家还会拥护那样的政策呢？我真是不太理解。

当介护保险法第一次修订引入介护预防这个概念时，许多参与了介护保险创立的人都表示支持。我记得在 2012 年 1 月，"改善老龄社会妇女协会"还邀请了和光市的相关负责人来做报告，当时协会代表们听完报告纷纷表示赞赏。没有人愿意变成"需介护"的状态，这种情感被人利用了，这是可以理解的，但我很想对代表们说"请不要再任人愚弄了"。

上野 此后，和光市被树立为模范城市，各个城市之间开始展开降低"需介护认定率"的竞争，认定率越低的城市越优秀。

小岛 政府还设置了奖励，而这些奖励的补助款也都来自介护保险资金。算盘打得可真是叮当响。直到和光市模式的主要推动者，曾一度派驻到厚生劳动省并参与介护保险法案修订的原福祉部门主管因欺诈和盗窃罪被逮捕，人们才发现这种模式不过是一场幻象。那个人后来被判入狱 7 年。有些一直称赞这种模式的学者仍坚持认为"尽管这个人是坏人，但和光市模式本身并没有错"，但事实上，自从他被捕后，无论是"需介护认定率"还是介护保险费，和光市都与埼玉县内其他地区没有差别。一说到这儿我就感觉怒火中烧。

不断变换的游戏规则

上野 在降低需介护认定率的竞争中，是不是还出现了严格限制"需介护"等级评估的策略？

小岛 我听很多人都提到过，有些在和光市未被评估为"需支援"的人，没过多久再次接受评估，却被定为"需介护"2级或3级。

上野 因此，我一直认为"需介护认定率"就是一个政治标准，毫无客观性可言。日本究竟有多少"需介护"的老年人，统计出来的数字完全没有意义。

小岛 没错，这就是一个可以随意篡改的数字。

上野 而且，他们还在不断地随意改变标准，为了降低"需介护认定率"，就将"需介护"1级调整为"需支援"1级或2级。这就像在游戏过程中不断改变规则一样，非常下作，而厚生劳动省却总是这样做。

小岛 不仅仅是和光市，在推进"综合服务"的过程中，还发生了很多令人费解的事。比如，被评估为"需支援"的人可以选择使用多种服务，其中一种服务类别叫作"B型服务"，可以由社区志愿者提供。然而，与介护保险制度刚开始实施时相比，近来被评估为

"需支援"的人数量越来越多。在没有专业人员的场地提供服务是非常危险的，所以他们很需要一个专业的场地方便那些善良的 NPO 随时使用。然而，整个新座市都没有这种地方，在全国范围内这种场地也寥寥无几。而且说到这种"综合服务"，很重要的一点是，相关的社区 NPO 竟然不知道提供这些服务的资金其实来自介护保险。

对资金来源的无知和缺乏关注是一个大问题。对那些表示自己不知道这些资金来自介护保险的人，我明确地告诉他们"不知道，就是你不对"，虽然这听上去有些苛刻。

上野　他们认为自己是在做好事。

小岛　没错。他们认为这样做可以弥补介护保险的空白，完全没想到这反而是在损害介护保险。也可以说，是政府引导他们这样认为的。本来，公共保险服务由志愿者来提供就很奇怪。

一天只能吃一顿饭的丈夫

小岛　我实在是太愤怒了，刚才可能有点跑题，让我们说回这次"史上最糟糕的介护保险法案修订"。这次修订提出了最低自付比例 20% 的方案，也就是说，要将最

174

低自付比例的标准从 10% 提高到 20%。

现在的自付比例是按家庭总收入定的。单身人士年收入达到 280 万日元、夫妻二人共同收入达到 346 万日元的家庭，自付比例为 20%；而单身人士年收入 340 万日元以上、夫妻二人收入 463 万日元以上的家庭自付比例为 30%。将最低自付标准提高到 20% 则意味着低收入用户需要支付原来费用的两倍。

虽然全员最低自付比例提高到 20% 这一方案已经被推迟到下次法案修订时再讨论，但目前自付比例 20% 和 30% 的收入标准可能会降低，关于这一点我们还需要进一步抗议。

上野 厚生劳动省在报告中表示，"20% 的自付比例自 2015 年就已经开始执行，但并没有达到明显的抑制保险使用的效果"，对此您有何看法？

小岛 是这样的，抑制保险使用的效果目前从统计数据上来看确实还不明显，但单从我们机构的实际情况来看，我们至今已有五六位用户停止使用服务了。

上野 这些不能在统计数据中反映出来吗？

小岛 自付比例 20% 和 30% 的人数本来就比较少。我这里有一个数据，很抱歉这个数据不是最新的，这是截至平成三十一年（2019 年）1 月份的调查数据，全国被评估为"需介护"和"需支援"的老人中（仅限 65 岁以上），自付比例 20% 的占 5.3%，自付比例 30% 的占 4.0%，占比都非常小。

虽然在统计数据中体现不出来，但因为自付比例较高而抑制保险使用的情况肯定是存在的。我听说过一些情况，比如妻子住进特殊老年护理院后，需要个人负担 20% 的费用，而在家生活的丈夫一天只能吃一顿饭。这种情况现在应该依然存在。

从大排长龙到空置的老年护理院

上野 如果最低自付比例提高到 20%，那特殊老年护理院的入住费用也会大幅上涨。社会福祉法人"活力福祉会"的会长小川泰子女士曾经估算过最低自付比例上涨到 20% 后的收费情况，这些数字令人印象深刻。今后，只有有钱人才能入住特殊老年护理院了（参见表 5）。

小岛 现在入住养护机构要收取酒店费，负担很重，特殊老年护理院也快要住不起了。

上野 其实早在 2015 年，特殊老年护理院的入住条件就已经非常严格，入住的老年人必须达到"需介护"3 级。尽管这一条件导致等待入住的老年人数量急剧下降，但这个数字并不能反映实际的情况。事实上，有些人

表 5　特殊老年护理院的费用将会上涨多少？

入住神奈川县 M 设施每月所需费用（介护费 + 住宿费 + 餐费）

	需介护 1 级	需介护 2 级	需介护 3 级	需介护 4 级	需介护 5 级
每月（日元） （按 30 天计算）	271,752	296,375	322,811	347,788	372,048
自付 10%	27,176	29,638	32,282	34,779	37,205
自付 20%	54,351	59,275	64,563	69,558	74,410
自付 30%	81,526	88,913	96,844	104,337	111,615

资料来源：社会福祉法人"活力福祉会"小川泰子提供。

的自付比例已经达到 20%，而由于负担过重，这些老人在家人的要求下从单间搬到了多人间。

小岛　对于那些自付比例 30% 的人来说，情况更为严峻。

上野　如果这种情况持续下去，特殊老年护理院会不会出现空置现象？

小岛　目前已经不像过去那样有很多人排队等待入住了。了解到所需费用后，大部分人很难再提出申请。

上野　最近，特殊老年护理院的相关人士中，有人要求再次放宽入住条件，允许"需介护"1 级和 2 级的老人入住。对此您有何看法？

小岛　我认为应该允许"需介护"1 级和 2 级的老人入住。我觉得首先应该解决的是用户负担不起酒店费的问题，这是入住变得困难的根本原因。

特殊老年护理院本应是老人最后的庇护所，如果老人无法入住，那将会造成非常危险的局面。这个问题是我们必须重新考虑的。

上野 我听一些相关的工作人员说，现在只有高收入人士或享受低保的人群才能入住特殊老年护理院。

小岛 是的，情况正在往这个方向发展。中间层几乎已经不存在了。

上野 普通民众是否了解这种现实情况呢？

小岛 可能不太了解吧。

上野 他们可能还觉得只要想住就能入住？

小岛 是的。他们可能以为，最后的最后，还有特殊老年护理院为他们兜底。可等到真的需要申请入住时，他们就会大吃一惊了。

上野 再加上入住条件越来越严苛，导致从统计数据上看，等待入住的人数在不断减少，因此人们会觉得现在更容易入住。

小岛 现在确实更容易入住了。很多人都在说"呦，你已经住进来了"，但这些人通常都有足够的经济能力负担费用，或者他们可能正在领低保。

上野 如果需要支付这么多费用，那跟私营的养老院就没什么太大的差别了。

小岛 是没有太大差别。

上野　原来如此。制度就是这样一点点失去了它原本的意义。另外还有一件事令我感到震惊，从去年 10 月开始，高龄老年人医疗保险的自付比例已经提高到了 20%。于是，有人议论，介护保险也应配合医疗保险，将自付比例提高到 20%，这是什么逻辑啊？

小岛　如今物价飙升，民生已经十分艰难。对于那些依靠养老金生活的人来说，现在是很难再增加收入的。所有费用都在上涨，人们该如何生活下去呢？

难以置信的收费

小岛　另一个令人难以接受的不合理修订是制订护理计划将不再免费。制订护理计划相当于入门咨询，在这一环节收取费用，简直令人难以置信。要说起来，介护保险应该属于福祉政策的一部分，福祉政策的入门咨询环节居然要收费，真是不可思议。如果制订护理计划要收费，很多人就会犹豫，不愿意使用介护服务的人会越来越多，这会成为一个大问题。

上野　虽然已经做了"需介护"等级评估，但由于费用增加，门槛提高，有些人将无法继续使用服务。

小岛　现在这种情况已经很多了。在已被评估为"需介护"的人群中，有大约 20%，也就是超过 100 万人并没有

在使用介护服务，其中原因目前还没有正式的官方调
查结果。一些地方政府进行过调查，但在国家级别上
还没有相关统计。其实这是一件非常简单的事情，应
该要调查一下的，可能是怕暴露出一些不想为人所知
的事实吧。据推测，不使用介护服务的主要原因要么
是觉得家庭护理能应付过去，要么是觉得介护服务费
用太高了。

上野　他们是在通过各种手段抑制介护服务的使用。这些手
法真是太龌龊了。

毫不掩饰的敛财

小岛　在此次介护保险法案不合理的修订过程中，他们本来
还计划将福祉用具的获取方式从租赁改为部分购买。
虽然这一计划目前被暂缓执行，但它肯定会再次被提
上议程，所以我还是先简单地解释一下。在福祉用具的
租借过程中，必须对所有器具进行妥善管理。即便是一
根拐杖，也存在适用与不适用之分。如果有5000日元
和3000日元的拐杖可供选择，许多人可能就会选择购
买3000日元的那一根，尽管它可能用着并不顺手。可如
果是租赁，用着不顺手可以随时归还并更换一根新的。
因此，正确指导老人如何使用这些辅助用具非常重

要。拐杖头上的橡胶磨损了，如果没人检查，可能会造成事故，我就听说过这种情况。

如果事前做好这些说明，人们肯定就能理解福祉用具为什么应租赁，而不应购买。对于"需介护"老人来说，福祉用具真的就像一根拐杖，非常重要。把它的获取方式变为购买，真是太不合理了。

无法给老人洗个像样的澡

小岛　这次介护保险法案修订还有一个动向，就是通过 AI 技术和机器人达到节省人工的目的。

上野　2020 年 1 月的那次抗议集会上，我们并没有邀请养护机构的人士参加。因为我和小岛女士都是居家介护派，那时候，我们都觉得养护机构没有问题，大家想去就可以去，但如今，养护机构也问题重重，他们也面临着重大的危机，到达了忍无可忍的边缘。因此，在 10 月 9 日的第二次抗议活动中，我们也邀请了养护机构的人士一同参与。

小岛　这个问题早就有人提出过。由于护理人员不足，养护机构即便建好了，也无法正式开放。在入住特殊老年护理院还需要排队等位的年代就有人提出过这个问题，但如今，这种情况已经成为常态，很多地方甚至已无法给老人洗一个像样的澡。

特别是前一阵，几乎没有什么地方能够逃脱新冠肺炎疫情的侵袭，光是防疫抗疫就已令人焦头烂额，可就在这种情况下，居然仍有人提出要推进 ICT[1]，进一步减少护理人员。

我并不是要否认 ICT 化的必要性，但它应该被用在需要用的地方。我们用它不是为了减员，而是为了减轻护理人员的工作负担，提高入住者的生活质量，否则它就没有意义。目前，几乎没有正规的机构能够维持"3 比 1"[2] 的人员配比。尽管正规机构已经竭尽全力添加人手来维持人员配比，但他们只能获得"3 比 1"概念下的报酬。因此，虽然他们表示压力很大，但还是要着手进行实验，试图通过引入 ICT 和机器人来将人员配置调整为"4 比 1"。

日本财产保险公司正在配合进行这项实验，因此，有人准备在他们总公司门前举行抗议活动，我也在考虑要不要参加。

尽管政府声称现在人手不足，大家可以多依赖 ICT，但实际上它并不能解决人手不足的问题。

1　ICT：全称是 Information and Communications Technology（信息通信领域技术）。——编者注。

2　3 比 1：即每三名需介护人员需要配备一名介护人员。

即使有设备可以提醒老人排尿，但更换尿布或带老人去卫生间的工作仍需护理人员来完成。机器人只能在老人起床时发出通知，但真正前去提供帮助的还得是护理人员。这是一种完全错误的方法，现在大家却以非常严肃的态度推行。

上野　企图通过放宽人员配置标准来解决养护机构人手不足的问题，他们是怎么想到这种"妙计"的？真是匪夷所思。

小岛　我想知道参与这项实验的公司，他们是否询问过自己公司员工的意见。

上野　确实，人力成本是养护机构运营时面临的最大压力，因此压缩人力成本直接关系到机构经营者的利益。这也就解释了为什么日本财产保险公司愿意参与这项实验。针对放宽人员配置标准，全国老施协（公益社团法人，全国老人设施协议会）已发布了反对声明，他们是否值得信任呢？我怀疑放宽标准其实是符合经营方利益的。

经营者的利益与机构员工的利益并不一定是一致的啊。

小岛　如果只考虑如何盈利，那确实是不一致的。

上野　经营者中，肯定也会有人欢迎放宽标准，以降低人力成本。他们并不想改善员工的工作条件，而是试图采用这种方式来解决人手不足的问题，这真是惊掉了我的下巴。

这次，我们也邀请了养护机构的相关人员来参加抗议活动。他们现在也有了强烈的危机感，所以很痛快地接受了我们的邀请。

小岛 每个人的发言内容听上去都危机重重。

上野 他们很详细、很具体地展示了介护一线的实际情况，让人们真切地体会到了危机感。很多情况就连那些把老人交给了养老院的家庭都不了解。为什么媒体不报道这些问题呢？

小岛 我跟媒体的朋友交流过，据他们讲，如果是报道好的方面，那养护机构都会配合采访，可如果是报道问题，就没人肯接受采访了。家人去探视的时候，多少会了解护理质量的好坏，但即便他们感到不对劲，很多人可能也不好意思说出来。

上野 就算不了解机构内部的情况，观察一下政府的举措也不难明白。

小岛 只要深入了解政府的各项政策就可以了。

上野 是的。举办记者招待会时，来的都是一些二三十岁的年轻记者。我感觉他们提的都是一些非常基础、非常无知的问题。

小岛 每次介护保险法案修订，记者们都会打电话来采访我，基本上每家媒体问的问题都一样。当然，保险体系现在变得那么复杂，他们搞不明白也情有可原。刚开始实施时，这个制度是非常简单的。现在，年轻记者搞不明白就很容易被官员忽悠。

不了解情况的年轻记者随便采访一下，然后写出一篇迎合政府的报道，这个问题可能在各个领域都存在。我们需要培养出更多更专业的记者。

护士和护工的"阶级差异"

上野　在接下来 11 月 10 日的抗议集会中，我们还邀请了医疗从业者。可能由于我一直在提倡"独自居家临终"，所以最近经常受邀出席一些与居家医疗相关的研讨会。

这些座谈会上会有医生、护士、老人亲属等代表发言，但很少有护工登台发言。他们似乎还没有意识到，上门介护是支持老年人居家养老，也是支持医生上门医疗的关键。尽管他们宣称要跨行业合作，在举办研讨会时却很少邀请介护从业人员，对此我感到不太理解。

从一线护工的反馈来看，医生不会参加制订护理计划的会议。而且，我还听说医疗和介护之间存在一定的等级关系，在介护现场，护士经常表现得十分傲慢。

当然，护士中也有职业素养很好的人，但从护工的角度看，他们对上门护士的评价往往都不太高。

小岛 有时我们确实很难表达自己的意见。不过，患者进入终末期后，介护人员的工作量要远远大于医务人员。

上野 没错。

小岛 我希望能有更多的人理解护工的重要性。为此，我们也必须提高护工的素质，至少要让他们掌握沟通技巧，能够将需求正确地传达给上门护士。

上野 有经验的护工都十分优秀。我曾经受邀为一些护士进行培训，当时我有些挑衅地问她们："你们比护工的薪水要高很多，你们为什么能比他们多拿这么多钱？有什么特殊的技能是护工不会，只有你们会的吗？"她们的回答包括"我们可以预测患者的病情变化""我们可以正确判断出在什么情况下应采取哪些措施"等等。

于是，我追问："如果只是这些技能，那有经验的护工应该也可以做到吧？因为他们会一直观察病人的变化。"她们回答说"确实如此"。这不是理所当然的嘛。

小岛 （笑）不过，我们不能给病人打针。

现在，什么是护工能干的，什么是只有护士才能干的，它们之间的边界已经变得十分模糊。例如，持证护工现在已经被允许为病人吸痰，但只限于鼻腔、口腔内等比较浅层的位置。因为他们没有学过解剖学，因此不能做到像医生或护士那样的程度。我认为，护士和护工都必须十分清楚这一点。不能因为上门护士的报酬比较高，上门介护的报酬比较低，就想让护工代替护士工作。

上野　护士与护工之间存在着如此巨大的薪酬差距，但又没什么证据可以证明这种差距的存在是合理的。我由衷地认为护工的工作待遇应向护士看齐。

不管怎样，这次集会有一点我认为非常成功的是，做上门介护工作的护工发言非常真实，另外，作为医疗从业者，理疗师和药剂师的发言也很有意思，比医生的发言要好。

小岛　确实是这样。医生们的发言我们可是听过太多了。

一切都还悬而未决

上野　我整理了一张表，上面有我们为了反对这次介护保险史上最糟糕的修订而进行的一系列抗议活动（参见图28）。通过这些活动，本次修订中的不合理内容绝大部分都被暂缓执行。在 11 月 18 日的国会内部会议上，我们终于可以汇报说，"我们成功地阻止了这次不合

第 1 次线上集会
总论以原则上自付比例提高到 20% 和制订护理计划有偿化为中心

10 月 5 日（周三）19:00-21:00
主持人：小岛美里（NPO 法人生活网络·缘）
主讲人：服部万里子（NPO 法人涩谷介护支援）
发言代表：上野千鹤子（认定 NPO 法人妇女行动网络小组）、袖井孝子（NPO 法人改善老龄社会妇女协会）、铃木森夫（公益社团法人痴呆症患者及家人协会）、柳本文贵（NPO 法人优雅护理机构）。
听取与会人意见

- -

第 2 次线上集会
以"需介护"1、2 级划归综合服务和福祉用具转为购买制为中心

10 月 19 日（周三）19:00-21:00
主持人：中泽真由美（护理社区世田咖啡）
主讲人：日下部雅喜（大阪社会保障推进协议会介护经理）
发言代表：滨田清子（高龄生活研究所）、冲藤典子（NPO 法人改善老龄社会妇女协会）、植本真砂子（NPO 法人改善老龄社会妇女协会·大阪）、花俣文代（公益社团法人痴呆症患者及家人协会）。
听取与会人意见

- -

第 3 次线上集会
不能因为引入 ICT 降低介护机构的员工配置标准

11 月 3 日（周四）19:00-21:00
主持人：池田彻（社会福祉法人生活俱乐部风之村特别常任顾问）
主讲人：本间郁子（U 愿景研究所理事长）
发言代表：高口光子（元气满满介护研究所）、坂野悠己（综合护理中心驹场苑负责人）、小川泰子（社会福祉法人活力福祉会）、年轻护工。听取与会人意见

- -

第 4 次线上集会
从上门医生及上门护士的现状看问题
——如果没有介护服务配合就无法实现居家医疗

11 月 10 日（周四）19:00-21:00
主持人：上野千鹤子（认定 NPO 法人妇女行动网络小组）
发言代表：中野一司"无介护则无疗愈"、古屋聪"地区正在走向灭亡"、堂垂伸治"介护保险是患者的后盾"、宫崎和加子"困境！困境！！困境！！！"、花户贵司"打造独居者也能独自临终的地区"、中村悦子"上门护士是协同多

行业合作的工具人"、寺本千秋"介护保险能否守护我们的生活？"、畑中典子"上门药剂师可以减少医疗资源浪费"、小笠原文雄"拯救生命的介护保险"。
听取与会人意见

国会内部集会及记者招待会
众议院第一议员会馆地下一楼大会议室

日期：11月18日（周五）14:00- 16:00 线上线下同步召开
主持人：上野千鹤子（认定NPO法人妇女行动网络小组）、柳本文贵（NPO法人优雅护理机构）
第一部分声明
主旨说明：小岛美里（NPO法人生活网络·缘）
介护保险的危机在哪里？：服部万里子（NPO法人涩谷介护支援）
短剧：藤原琉夏、伊藤绿、佐藤昌子（上门介护护工国家赔偿诉讼原告）
来自富山的发言：惣万佳代子（NPO法人这根手指停一停）、阪井由佳子（NPO法人日托真热闹）、高口光子（元气满满介护研究所）、大熊由纪（医疗福祉记者、国际医疗福祉大学院教授）、春日KISUYO（社会学者）、石井英寿（残障老人日托石井之家）、佐佐木淳（医疗法人社团悠翔会）、六车由美（日托微笑之家）、结城康博（淑德大学教授·社会保障政策）、樱庭叶子（京都护工联络会）。
与会者发言
痴呆症患者及家人协会（签名运动宣言）
抗议声明：樋口惠子（NPO法人改善老龄社会妇女协会）
第二部分记者招待会

图28 "坚决反对史上最糟糕的介护保险法案修订！！"
系列抗议活动概要

理修订！"（参见图 29）。

小岛 虽然我们取得了一定的成果，但一切毕竟都还悬而未决。厚生劳动省也没有明确表示会放弃。

上野 3 年前，他们也是采取了"暂缓执行"的方式。

● **暂缓执行**
服务费的自付比例标准提高到 20%
制订护理计划（使用介护服务的计划）有偿化
将"需介护"1、2 级用户所使用的上门介护（提供生活援助服务等）、日托介护从介护保险中剔除
重新审议补充津贴（旨在减轻低收入人群入住养护机构时餐费及住宿费的负担）

● **将在 2023 年夏季得出结论**
扩大自付比例 30% 的对象范围

● **将在 2023 年内得出结论**
介护老人保健设施[1] 及介护医疗院[2] 的多床位病房房费全部自付
● **人员配置标准的弹性化（通过 ICT 等方式减少员工数量）**

我们已经阻止了以上这些计划！！但仍不可掉以轻心！

图 29　介护保险制度今后的发展预测

1　介护老人保健设施是指为"需介护"老人提供护理、医疗、康复训练等服务，旨在帮助他们回归居家生活并提供居家支援的设施。
2　介护医疗院是指"需介护"老人长期疗养、长期生活的设施。

小岛 没错，所以只能让他们一直暂缓下去。虽然目前形势仍然非常紧张，但我们的努力是值得的，这就是我的结论。

上野 除了涉及养护机构的问题，几乎所有的议题都被暂缓执行了。我们无法证明我们的抗议活动与法案修订延迟之间是否有因果关系，但我感觉，厚生劳动省每次想推进一点小小的改革方案时，都会先观察一下我们的反应，然后再进行相应的调整……

小岛 反正我搞不懂他们真正的意图。但我必须说，正是因为我们站出来了，而且声音越来越大，这次修订中大部分不合理的内容才被暂缓执行。

上野 我也是这么认为的。因此，我觉得我们不妨大胆地发表胜利宣言。另外，在此基础上，我们要继续坚持，为此我们还发布了一份声明（参见图30）。

小岛 我认为我们必须好好庆祝一下！如果我们没有发声，某些提案可能已经通过了。

这次，很多以前从未参加过这种活动的机构团体，如老人设施协议会等都发表了反对声明，这也反映出现实情况有多么糟糕。

上野 另外，政府对这次修订内容暂缓执行给出的理由也十分牵强。厚生劳动省的主页上说，由于他们将医疗保险的自付比例提高到了20%，因此决定暂缓提高介护

为了维护老年人的生活和人权

虽然我们设法阻止了介护保险法案的不合理修订，但仍不能掉以轻心。

针对将于 2024 年开始的第 9 期介护保险法案修订，社会保障审议会介护保险部门于 2022 年 12 月 20 日公布了修订意见。介护保险部门提交的修订方案明显减少了保险给付，同时增加了个人负担，这是介护保险史上最糟糕的一份修订案。如果这一方案付诸实施，介护保险制度可能仍会继续存在，但"需介护"老人的生活将遭受严重破坏。在 10 月至 11 月的两个月时间里，我们举办了四次网络集会和一次国会内部会议，以"坚决反对史上最糟糕的介护保险法案修订！！"为口号，表达了"需介护"当事者、介护家庭、介护服务机构、医疗工作者等相关人士的愤怒之声，以及对修订案的担忧。

提高个人负担的同时削减服务，这让"需介护"老人如何生活？如果用户因自付比例增加而减少服务的使用，介护机构的收入势必会减少，机构将难以维持经营。居家医疗离不开介护保险服务。出于强烈的危机感，各方相关人士都加入了抗议活动。除了当天现场的与会者，我们还通过网络平台进行了直播，观看人次超过四万次，目前仍在持续引发共鸣。

最后，在这个被我们称作"史上最糟糕"的修订方案中，将"需介护"1 级和 2 级的上门介护与日托介护划归为"综合服务"（从介护保险服务中去除），以及制订护理计划的有偿化等内容都被暂缓执行。这是我们高声抗议的成果，首先我们必须宣布胜利！但我们仍不能掉以轻心，因为关于扩大自付比例 20% 的对象范围以及重新评估高收入人群 1 号保险费自付比例的问题，政府将会在今年夏季做出决定，我们仍需保持警惕。在之前的修订中，他们并没有明确"高收入"的标准就重新进行了评估。

此外，他们还企图通过降低年收入标准来扩大自付比例 20% 的对象范围。如今，物价持续飙升，给靠养老保险生活的人带来严重冲击。提高自付比例或许能够立刻减少对服务的使用，但如果无法获得所需服务，"需介护"老人的生活将彻底崩溃。这会导致他们无法入住养护机构，只能以"居家"的名义被"弃置不顾"。

此外，我们还需警惕一些忽视介护现场实际情况的举措，如将日托介护与上门介护复合化、试图通过引入机器人来放宽人员配置标准、推动"科学化"护理等等，这些措施表面上提高了生产效率和效益，实际上却加重了一线护工的劳动负担，长此以往，介护工作者将会不堪重负。

为了创造每个人都能安度晚年的社会，我们强烈呼吁增加介护保险的公共支出，改善护工的劳动待遇，进行切实的介护保险法案修订，以确保每个需要服务的人都能获得自己所需要的服务。

所有"坚决反对史上最糟糕的介护保险法案修订！！"系列抗议活动参与者

图 30　声明

保险的自付比例。可就在不久之前，他们还说将介护保险的自付比例提高到 20% 是为了与医疗保险的自付比例保持一致。现在居然用同样的条件推导出了完全相反的结论。这些人的论点就像膏药一样，随时能贴，想贴哪儿就贴哪儿。

小岛 总之，他们会时不时地观察一下我们的态度，时而进，时而退。等到时机合适就会采取行动，我觉得他们迟早会实施这些政策。

上野 如果是这样，我希望他们在做决定之前好好观察一下国民的态度。

小岛 没错。我们也应该更积极地表达自己的意见。尤其是团块世代，他们马上就要迈入"需介护"的阶段，我希望他们努力抗争。我再重复一遍，现在只是暂缓执行。我们还要继续努力。

日本社会给人的不安全感

上野 让我们再来整理一下政府的企图。由于政府的各项政策都是逐步推进的，所以很难一下子看清它们的全貌，不过，政府大致的企图不难预测（参见图 31）。他们名义上是要维持保险给付与个人负担之间的平衡，但其实就是想控制保险给付，增加个人负担。为

限制使用对象	只有达到"需介护"3级以上的重度失能者才能使用
排除轻度介护者	"需支援"及"需介护"1、2级用户的上门介护和日托介护被划分到综合服务（由地方政府全权负责／报酬较低／没有机构愿意承揽）
限制使用	取消生活支援／增加上门介护的限制条件
自付比例增加	根据收入分自付10%、20%（单身人士收入280万以上）、30%（340万以上）➡原则上自付标准提高到20%（90%的人由10%提高到20%／"需介护"5级每月约为7万日元）
护理计划有偿化	制度过于复杂／提高了使用门槛／很多介护经理会被淘汰／本来介护经理的认证通过率就很低，愿意选择这一职业的人会越来越少

政府的目的就是通过限制使用来维持介护保险制度

介护保险 = 护理社会化（去家庭化）的第一步
➡不合理修订的结果会怎样？

回归家庭化（护工离职／虐待老人／未成年照护者增加）
商品化 = 推进介护保险的"混合使用"（购买自费服务，扩大内需）

对于既没钱也没人照顾的老人来说，就会变成以"居家"为名的"弃置不管"

晚年生活也是"有钱能使鬼推磨"！

图31　政府的企图

了实现这个目的，他们先是将"需介护"1级和2级的老人排除在介护保险之外，将保险用户限定为"需介护"3级以上的老人，然后又把生活援助从介护保险中剔除，只保留身体护理，此外，按照用户收入，将自付比例提高到20%或30%，还将免费的制订护理计划变成收费项目，提高介护保险的使用门槛，使介护保险制度变得徒有其名，根本无法使用。这就叫"制度的空洞化"。

小岛 而且，我觉得今后还将出现一种新型的"贫困生意"。面向贫困人口的集体住宅发生过多起火灾事件，造成多人伤亡，可至今仍未有任何根本的解决措施。"住房福祉"没有得到落实。

上野 结果就是抑制保险使用和介护服务质量下降。

介护保险是护理社会化的第一步。然而，它只是第一步，并不是要将所有老年人的介护工作都归为公共责任。

"社会化"是"家庭化"的反义词，也可以称作"去家庭化"。日本国民曾享受过将一部分家庭负担外包给公共责任的好处，但如果介护保险制度持续进行不合理的修订，最后会出现什么样的结果？政府现在有两个方向。

一个是"回归家庭化"，即将介护负担重新推回家庭。

这将导致介护工作人员失去工作，老年人则可能遭受忽视和虐待。因为人们无法了解家庭中究竟发生了什么。家庭很可能是一个黑暗、危险的场所，人们必须有这样的认识。

另一个是"市场化"。日本的老年人都小有积蓄，他们不愿意花钱。新冠肺炎疫情期间政府发放的 10 万元补助金也被他们存了起来，导致扩大内需的效果并不明显。为什么会这样呢？因为他们对自己的晚年生活感到不安。一位 80 多岁的老奶奶，手里有几千万日元的存款，当我问她为什么存着钱不花时，她回答说："我很担心自己老后的生活。"日本社会一直给人一种不安全感，所以日本人只能通过存钱来保障自己的生活。刚才您也提到了，介护保险有使用上限，超出的部分需要自费。这可能就是财务省的目的，他们就是想让你使用自费服务，把存的钱都花出去。厚生劳动省甚至还制作了宣传手册，专门介绍提供自费服务的示范机构，他们想在介护保险中实现医疗保险未能实现的"混合使用"[1]。

因此，厚生劳动省的目标不是"回归家庭化"就是

1　目前日本的医疗保险不支持混合使用，也就是说，如果医疗过程中包含未经厚生劳动省批准的治疗方法或药物，则全部医疗费用，包括其中本应适用于医保部分的费用，都需要由个人承担。

"市场化"，肯定是这二者之一。最后的结果就是"有钱能使鬼推磨"。那像我这样既没有金钱也没有家庭的人会怎么样呢？答案就是以"居家"为名的"弃置不管"。新冠肺炎疫情期间，我们亲眼见证了"以居家疗养为名的弃置不管"是何等惨状。政府是不是认为这样做一点问题都没有？

小岛 他们可能不是觉得这样做没有问题，而是他们压根不打算考虑这个问题。

上野 这些政策制定者是不是认为自己不会陷入这种情况？

小岛 因为他们都觉得车到山前必有路，而且他们都是有钱人。

上野 制度虽然存在，却无法使用。这个问题您在自己的书中也写过。这就等于保险公司没有履行与投保人签订的合同。毕竟我们一直在支付保费啊。

小岛 是的。很多人要到80岁以后才开始使用介护服务，而在此之前他们已经交了40年左右的保费。

上野 因此，我们应该明确指出，这是违反合同的。

第
7
章

无人倾听的声音

来自行业一线工作人员的控诉

上野 接下来，让我们讨论一个对我来说十分紧要的问题 ——"在当今日本，独自居家临终是否可行？"围绕这个问题，我写过一些书，如《一个人的老后》《在熟悉的家中向世界道别》等等。去年，您也写了一本《临终时刻，你想在哪里度过？——如何打造痴呆症患者也能活出自我的社会》。我在推特上盛赞了这本书。

小岛 说实话，当时我感到非常惊讶。虽然我觉得这本书不至于受到批评，但确实没想到能得到您的褒奖……我一直想问问您，您觉得这本书哪里还不错？

上野 您有多年经营介护服务机构的经验，对介护工作十分了解，我一直希望能有一位像您这样的人为我们传递出一线的声音。事实上，来自介护领域的发声一直比较少。相反，医疗领域里的知名医生和护士都在一本接一本地出书。医疗界的影响力非常大。

我在社交媒体上是这样写的：本书从介护现场的微观层面、介护机构的中观层面以及介护制度的宏观层面详细介绍了介护保险的衰退与危机，为我们揭示了残酷的现实。我一直期待着能有这样一本书，为我们传递来自介护一线的声音。

介护及社会福祉领域有很多专门研究政策和制度的学者，此外，也有很多从业者写了不少关于介护现场的感人故事。然而，制度构想与现实应用之间肯定是有差距的，这是人们所共知的事实，而那些撰写介护感动故事的人从来不会写自己实际工作中所面对的制度究竟是怎样的。

另一方面，专注于政策和制度的人往往对一线工作知之甚少。能够将宏观的政策和制度与微观的介护现场连接起来的书籍实际上并不多。从这个意义上来说，这本书真是令我期待已久。迄今为止，再没有哪一本书如此详细地记叙了介护保险制度的修订对实际工作产生了哪些影响。只有像小岛女士您这样活跃在一线，熟知制度内容，又深受制度局限之苦，经历过种种困难，了解很多真实案例的人，才能写出这样的书。因此，我的第一感受是，非常感谢您能写下这本书。

小岛 谢谢您。

一个人在家养老到底需要多少钱？

上野 书咱们就先宣传到这儿吧（笑），下面我们通过实例来看一看"独居临终"所需的费用究竟是多少。

这是小笠原文雄医生在著作《可喜可贺的临终》（小学馆，2017年）中提到的上村女士的情况。上村女士是一位90多岁的独居痴呆老人，这是她在去世之前所有自付费用的记录（参见表6）。

其中医疗保险需自付10%、介护保险需自付10%，另外还有保险不能覆盖的自费服务项目。总计需要的费用就是这么多。总的来说，还是需要花一些钱，但也并不需要太多，甚至可以说只要准备这些就足够了。

无论从哪个角度想，政府鼓励居家介护就是因为居家的成本较低。政府动机之不纯显而易见。

小岛 当然是这样的。

上野 需要本人支付的金额只有这么多，但如果自付比例提高到20%，那这个数额就会翻倍。

小岛 是的。

上野 我从小笠原医生那里听到了一个好消息。他说因为他的诊所在独居临终护理方面的经验值不断增加，现在很多由他的诊所提供居家医疗的用户已经不需额外添加自费服务项目了。

表 6　仅靠介护保险就可以实现"独自居家临终"

上村女士去世前 3 个月的自付金额（日元）

		1月份（31天）	2月份（28天）	3月份（17天）
医疗保险	医生	64,480	67,670	200,920
	药费	14,200	12,200	11,600
	护士			61,300
	小计	78,680	79,870	273,820
	自付金额	7,868	7,987	8,000
介护保险	护士	9,710	31,000	
	护工	296,290	275,000	227,380
	居家疗养管理费	2,900	2,900	2,900
	小计	308,900	308,900	230,280
	自付金额	30,890	30,890	23,028
自费	护工	36,820	42,310	
	交通费			150
	死亡证明等			20,000
	小计	36,820	42,310	20,150
	合计	424,400	431,080	524,250
	自费总额	75,578	81,187	51,178

如果一直符合高龄老年人医疗限额及自付比例减免标准，居家期间医疗保险的自付部分每月最高限额为 8000 日元（按照当时的标准）。

小笠原医生的发言

"小笠原内科对最近 4 年独居临终老人的居家医疗费（医疗保险＋介护保险＋自费部分）进行了统计，结果发现，即便在花费最高的去世当月，癌症患者（43 人）的费用也仅需 52000 日元，非癌症患者（15 人）的费用仅需大约 32000 日元。"

"减少居家医疗费用就意味着减少国家的负担，同时也意味着不会给子孙后代增加负担。因此我认为，发展居家临终关怀就等于拯救日本。"

[选自 2022 年 1 月，HAA（日本居家临终关怀协会）新闻通讯 170]

小岛 关于这一点，我有些疑问。我在 NHK 的电视节目中也看到过，例如，患者家中的大扫除是由好多护士和护工一样的人一起完成的，我不知道他是按照什么标准计算这些费用的。

上野 是由小笠原诊所派遣员工过去做的。

小岛 他们是无偿工作吗？患者个人也无需负担这笔费用吧？通常没有地方会提供这种服务。

上野 据说这是有偿的自费服务项目。

小岛 我很关心具体的收费金额是多少。这种情况非常特殊。难怪有很多人羡慕生活在小笠原医生身边的人。

上野 的确，听说有人为了让小笠原医生当主治医生，甚至想要搬到岐阜县居住。

小岛 至少得生活在那里才行啊。比如那个大扫除，他们能投入那么多人力，如果只由一位护工来做，可能需要好几天的时间，而且，就算有用户愿意自费，其他地方的机构也不见得会提供这项服务。

上野 小笠原先生在新作《如何笑着与这个世界告别》中提到一个数据，目前，独自居家临终的老人自费请护工的比例正在下降。也就是说，如果介护保险的护工经验比较丰富，那独自居家也是可行的。数据已经说明了这一点。小笠原先生曾说过，正是由于介护保险的存在，居家临终才成为可能。

小岛 没错，确实是这样的。从我的经验以及我从介护经理那里听到的情况来看，自从介护保险开始限制生活援助的次数（护理计划中如果每天需要1次以上的生活援助，就需要向政府部门提交申请），为了避免提交申请，人们在制订护理计划时会尽量将生活援助与身体护理结合在一起，将身体护理视为"家务合作"，尽量避免在计划中出现单独进行生活援助的情况。由于这种做法会造成每小时的费用上涨，因此自费金额也会随之增加。虽然随着介护经理和护工的经验越来越丰富，他们会想尽各种办法，但这种限制政策仍旧使得居家介护变得越来越困难。我想再强调一遍，由于从事上门介护工作的护工数量远远不够，因此有时我们无法提供足够的护理服务。

上野 在没有介护保险的时代，居家临终是非常困难的。更别说独自居家临终了，那根本就无法想象。

小岛 确实，在没有介护保险之前，有医务人员参与的居家临终是不存在的，不过我们倒是经历过没有医务人员参与的居家临终护理。

上野 什么叫"没有医务人员参与"？在那种情况下，死亡证明由谁开具呢？

小岛 当时，那位老人的病情突然恶化，我们叫了救护车，老人是在救护车里去世的，所以没有出现问题。

上野　原来如此。还是要叫救护车啊。那现在会怎么处理呢?

小岛　现在在制订护理计划时,这种情况肯定会以某种形式加入医疗服务项目。

上野　我想也是。所以我认为,随着介护保险制度这23年的发展,在上门护工的帮助下,独自居家养老的人数大幅增长,医生们也在不断进步。

小岛　您说得没错。

上野　事实上,现在全国各地都有一些从事临终关怀的明星医生。医生的经验越来越丰富,护士的经验也越来越丰富。从这个意义上来说,介护保险23年的发展切切实实地培养出了一大批一线人才。如果没有介护保险制度,这绝对是不可能的。

小岛　因此,我们不能让这团火熄灭,现在正是危急关头。

上野　您说得没错。

小岛　我自己也希望"尽量能在家中度过最后的时光",但观察了介护保险这段时间的变化之后,我感觉它正在朝着阻碍这一目标实现的方向发展。

比如,如果介护保险的护理计划中有每天两次或两次以上的进食协助,那这项服务就只能自费。目前"住宅式收费养老院"和"老年公寓"就是这样执行的,以后居家养老可能也会这样。换尿布也一样。目前的制度就是这样规定的。他们的理由是老年公寓已经服务过度了。

现在的制度就是，如果你需要更多的服务，那就必须自费。

像以前那样，在介护保险的支付限额内，确保每个人能够按照介护程度的不同充分使用各种介护服务是必要的。然而，目前最严重的问题是上门介护的护工数量正在不断减少。因此，即使制订了居家临终的护理计划，我们也会因为缺少护工而无法实施。目前，即使是普通的护理计划，我们也无法安排足够的护工去完成。本来用户希望每天提供3次服务，但最后我们只能安排一次的情况时有发生。

如果是卧床不起的老人，我们只能提供一次服务，就意味着老人每天只能换一次尿布、吃一顿饭。这就是忽视，甚至是虐待。

就算制订好了护理计划，就算你有钱，也无法安排护工。目前实际情况已经发展到了这个地步，所以我们必须采取措施来改变这种状况。

突然吝啬的政府

上野　我一直有一个困惑，我们为什么不能使用定期巡回·随时响应式的短时上门介护看护服务[1]呢?

小岛 定期巡回是可行的,但即便是定期巡回,也只有"需介护"级别达到 5 级,我们才能一天安排 3 次护理。像我们这种小型多功能机构,多的时候每个月需提供 500 次左右的上门服务,从报酬来看这非常不合算。顺便一提,我们现在还没有提供定期巡回服务。

如果要提供定期巡回服务,我们就需要更多的员工,而且还需要制订相应的护理计划,那肯定会入不敷出。目前市区内提供定期巡回服务的机构,通常是与老年公寓项目或住宅式收费养老院项目相结合的,机构在做那些项目时如果偶尔能空出时间,才会安排一些上门的服务,仅此而已。我真希望全国各地都有人能提供这一服务,但由于劳动与报酬不匹配,谁干谁亏本,所以根本没有人愿意涉足,现实情况就是如此。

上野 最后还是要归结为劳动报酬的问题。

小岛 是的。

上野 我想在介护保险所取得的成绩里再加一条,那就是介护保险的服务项目增加了。在致力于满足用户当前需

---

1 定期巡回·随时响应式上门介护看护服务:该制度采用定期巡回·随时响应的方式提供上门服务,在 24 小时 365 天内根据用户需求,随时提供必要的介护和看护服务。——原书注。

求的私营机构中，以往从未有过的新型服务项目增加了。一项是小型多功能居家介护看护，另一项是定期巡回·随时响应式的短时上门介护看护。这两者都包括上门护士服务，因此用户在享受上门介护服务的同时还能享受上门护士服务。

然而，这两个服务项目都令机构经营者深感头痛。尽管这些项目能为用户带来更好的使用体验，但引入它们的经营机构数量却没有增加，而且，地区间的差异也很大。这些都是现实情况。不过这也说明，这些项目对增加独居者在家中度过最后的时光的舒适感和便利感是有帮助的。我们已经建立起了这样的制度。

小岛　通过有效地利用定期巡回项目，独居临终确实是可行的。关键是得有有志于此的机构在背后支持。

上野　已经有相关案例了。

小岛　应该是有的，当然。由于我们不提供定期巡回服务，所以我不太清楚。

上野　你们是因为有什么困难才没有涉足这一领域的呢？

小岛　首先，我们没有提供上门护士服务的资质。

上野　能不能与有资质的机构合作呢？

小岛　在上门介护服务中加入一些定期巡回服务是有可能的。不过我们现在护工的人数，光是应对正常的上门介护需求都有些捉襟见肘……在本地用户的需求中，上门介护的需求量是相当大的。我们现在连满足这部分需求都很困难。

上野　也就是说，以你们目前的业务模式是无法实现的。

小岛　现在就是这种情况。

上野　如果有了这些服务项目，也有能够提供这些服务的人，理论上来讲，我们就可以更为普遍地实现居家临终。虽然现在这种情况还不多见，但实践中已经在不断积累这样的案例。我也想亲自证明这条路是可行的。

小岛　我不否认这一点。所以，目前最大的问题仍然是劳动与报酬不匹配。

此外，通过运营这个小型多功能机构，我还发现，有能力提供优质上门服务和住家服务的地方少之又少。我们市内其他的小型多功能机构给"需介护"1级的用户一周安排服务的次数是固定的，而且不管提供什么样的服务，每个月的费用也是固定的，这会导致机构之间出现差距。

上野　您说得没错，不同机构或是不同护工之间的确存在差距。而且有些地方有人愿意承担这种服务，有些地方就没有人愿意承担，这也会造成地区差距的扩大。不过，介护保险制度是在地方自治的名义下启动的，它最初的理念是允许存在地区差异的。因此，这就需要地方政府和民众的共同努力。

小岛 我不否认这一点，不过，这就变成了只有幸运地生活在服务好的地方的人才能实现居家临终。

上野 全国各地有很多人都在努力把自己居住的城市建设成这样的地方。

小岛 我可以很自信地说，我们是一直在努力的。可现在的问题是，我们按照那些示范机构的模式开设了很多新型服务项目，但那些示范机构要么完全不考虑成本，要么能领到很多补助。不管是小型多功能机构也好，还是 Group home 也好，只要这些项目属于介护保险的服务范围，我们做起来就会变得与那些出色的示范案例貌同实异。

上野 专门研究介护保险制度的专家们早已找到了答案。所有问题的根本原因就在于报酬单价设置得太低。劳动报酬与工作强度和责任大小都不匹配。我们一直提出要改善护工们的待遇，最根本的原因也是介护保险将护工报酬水平设置得太低，这一点大家都已经意识到了。而报酬过低说到底还是财源问题。多年前就有专家指出，介护保险问题纯粹就是财源问题。

日本的国民负担率[1]在经合组织 34 个国家中排第 27

---

1 国民负担率是指在个人或企业的收入中，税金和社会保险金的所占比例。国民负担率也是对租税负担率等比重进行全球性比较的指标之一。

位。要想解决这个问题有两种选择，要么提高介护保险的保费，要么提高投入到介护保险中的税金比例。但无论如何，减税和废除消费税都绝非可选之项。如果是用于国防开支，政府会毫不犹疑地选择增税，可一到福祉问题，政府就变得十分吝啬。介护可是老年人的安全保障啊。

小岛 国防开支是由国库 100% 负担的，税收就是财源。

上野 这就属于政治问题了。我一直在思考，涉及介护行业的薪酬，尤其是护工的薪酬为什么会如此之低？怎么会设定如此低的薪酬水平？由于居家支援类型的服务薪酬水平普遍设定得比较低，在如此不利的条件下，即使有比较出色的服务项目，也不会有更多的从业者加入，而且从业者的离职率还非常高。

小岛 无论从哪个角度看，原因都只有一个。所有问题都可以归结为政府并没有真正重视介护这件事。

上野 这都是有联系的。我想再次强调一下，介护工作以前一直都是由女性"无偿"提供的。因此，那些设计制度的人就认为，现在给的这些钱已经足够了。他们自己从来没有接触过介护工作，今后也不打算尝试，他们甚至无法设身处地想象一下必须做这些工作时的情景。

小岛 我们必须从政策上开始改变。

上野 他们认为给护工这样的待遇就足够了，这意味着他们认为照顾老人也只需做到这种程度就可以了。

小岛 完全正确。

上野 他们觉得老人已经没有生产力了，应该快点去死。有一部令人十分不悦的电影，叫《岁月自珍（PLAN 75）》，里面的设定是人们到 75 岁时，就可以选择安乐死。最近，一位年轻的耶鲁大学副教授成田悠辅还提出"老人应该集体自杀"，他的言论引起了轩然大波。他们是不是没有考虑到自己迟早也会变老？这种想法真是太肤浅了。

小岛 仅仅根据生产力来评价一个人，这是一种极其肤浅的思想，这种思想无法孕育出文化与艺术。

上野 作为居家养老的积极推动者，我现在也经常遭到批评，他们怀疑我"借居家之名允许对老人弃置不管"。因为目前居家介护的条件已经变得让人越来越不放心了。尤其让人切身感受到这一点的例子是，这次新冠肺炎疫情期间，政府虽然号称让人居家疗养，但其实就是完全弃置不管。这等于是将未来老年人的命运清清楚楚地摆在我们面前。

小岛 当时奔赴一线的都是护工们……

上野 没错。护工们一直竭尽全力坚持到最后一刻。

小岛 尽管如此，他们却找这样那样的理由，就是不肯为护工优先接种新冠疫苗。这就是日本！

上野　真的是。护工嘛，这种待遇就可以了。老人嘛，这种服务就足够了。这就是日本政府一直以来的政策。

还不是得由女性来做？

上野　我仔细一想，65 岁以上的老人，也就是正在使用介护保险的当事者，他们的声音如何能在政策中反映出来？我们根本没有一个平台可以倾听他们的声音。介护保险本来也不是老年人团体为自己设计出来的制度。

　　　长期以来，日本一直因"老人政府"和"老人统治"而饱受诟病，于是，各政党内部规定，各职位公选候选人的年龄不能超过 70 岁。

小岛　70 岁以上的人不能参选，只能默默地投票。

上野　就连社会保障审议会的介护保险部门里也完全听不到当事者的声音。如今令和新选组[1] 已经将一位又一位重度残障人士送入国会。那么，老年人应该也能坐着轮椅进入国会。或许我们有必要重新思考一下 70 岁退休

1　令和新选组是 2019 年 4 月由当时的参议院议员山本太郎建立起的草根政党，在同年 7 月的参议院选举中，该党的渐冻症患者船后靖彦、重度残障患者木村英子当选为国会议员。

的制度。

小岛 介护保险部门中也存在 70 岁退休的潜规则。我听说，有些委员已经 70 多岁了，虽然上面要求他们退休，但由于他们所在的团体找不到合适的人接任，只能勉强让他们留任。

上野 残疾人国际（DPI）提出的口号是"没有我们的参与，请不要做与我们有关的决定"，这是他们通过斗争获得的权利。然而目前，在政治领域，还没有一个平台可以听到老年人的呼声。我们这次的抗议活动还提出了一个课题，就是目前我们缺乏一个可以让老年人发声的组织。

小岛 确实是这样的。咱们干脆成立一个老人党之类的组织，怎么样？

上野 美国退休人员协会（AARP）是一个拥有 3600 万会员的大型组织。日本目前并没有类似的老人组织。过去虽然出现过一些像作家 Nada Inada[1] 先生成立的老人党那样的组织，但最后都名存实亡。

2008 年，我和人类关怀协会的法人代表中西正司先生

1　Nada Inada（1929—2013 年），精神科医生、作家、评论家。本名堀内秀。笔名源于西班牙语中的"nada y nada"一词，意为"空无一物"。于 2003 年出版著作《老人党宣言》，并借此契机在网络上成立了虚拟政党"老人党"，开展多项活动。——原书注。

合著了一本书，名为《以需求为中心的福祉社会：当事者主权的下一代福祉战略》。当时，介护保险和支援费制度的使用者大约有 700 万人，包括他们的家人在内人数大约有 2000 万，我们计划成立一个以这些人为中心的受益者组织，名字就叫"用户联盟"。当我们把这个提案递交给高连协（高龄社会 NGO 连携协议会）时，却碰了一鼻子灰。当时，高连协的一位联合代表堀田力先生，反对将生活援助纳入介护保险。

小岛　他们那个组织主要关注的是介护预防问题。

上野　他的观点是，生活援助本来就应由社区志愿者来做。那这些工作到底由谁来做呢？还不是得由女性来做。反正他自己是不会做的。为此，我批评了堀田先生。可能他是一位更愿意为别人提供帮助的人。他可能从来没有想过，自己也会需要别人的帮助。

小岛　30 年前，我们刚进入介护行业时都是志愿者，包括我自己。那个时候，整个日本经济处于蓬勃发展阶段，大家手头都很宽裕。志愿者主要是家庭主妇，社区支援系统是在她们的努力下建立起来的。

现在已经没有人是抱着当志愿者的想法进入这个行业了，大家都是把它当一项事业在做。我并不是要否定志愿者的作用。我认为志愿者应该去到与身体和生命无关的领域，应该去丰富人们的生活。

我觉得我们必须明确划分这些领域。因为现在几乎没有人可以在介护行业提供志愿服务。志愿者的角色不应该是提供护理服务。提供护理服务是为了维持他人的生命和生活，而志愿者的活动应该是为了提高他人的生活质量。

上野 高连协的主要成员大多不满 75 岁，他们当时的目标是"让老年人也能继续工作"。尽管我们每个人最终都会变成"需介护"的老人，但没有一个组织是专门维护这些老人的利益的。

第 8 章

直到生命尽头

没有老人会喜欢养护机构或医院

上野　您著作中所写的内容都是我期待已久的。迄今为止，
还没有一本书如此详细地记叙了介护保险制度的修订
对实际工作产生了哪些影响。只有像小岛女士您这样
一直活跃在一线，熟知制度内容，又深受制度局限之
苦，经历过种种困难，了解太多真实案例的人，才能
写出这样的书。

小岛　谢谢您。

上野　不仅如此，读了这本书后，我意识到是我的那本《在
熟悉的家中向世界道别》激发了您撰写此书的动力。
通过观察各种介护服务的工作现场，我得出一个结
论：没有老人会喜欢养护机构或医院。对此我深信
不疑。

　　然而，在书中的前言部分，您坚定地指出，"由于目
前的介护保险制度存在种种条件限制，病情不断发展

的痴呆症患者想要在自己家中度过最后的时光几乎是不可能的。"这令我感到有些困惑。像您这样对介护工作最为熟悉的专家告诉我们"独自居家临终几乎是不可能的"。我很想请教您,为什么您会这样讲?您的意思是,在现行制度下,这类患有严重疾病的人无法实现独自居家临终,那我想请您回答三个非常重要的问题。

第一,要想实现独自居家临终需要满足哪些条件?

第二,痴呆症患者是否也能实现独自居家临终?

第三,小岛女士,您本人希望如何度过人生的最后一刻?

首先,我想谈一下我自己的理解。我觉得即便是卧床不起的老人,只要他们的意识仍旧比较清醒,能够行使自主决定权,那基本上就可以实现独自居家临终。这就是我给出的答案。不知道您的看法如何?

小岛　我先简要回答一下您提出的这三个问题。这些问题都是比较大的问题,所以如果有什么需要进一步探讨的,请您稍后继续提问。首先,关于第一个问题,独自居家临终是可以实现的,前提是本人必须有坚定的意愿,同时还要有护工提供居家服务支持。

第二个问题,痴呆症患者的情绪更容易焦虑,意愿也更容易动摇,他们还可能会忘记自己所做的决定。维持坚定的意愿对他们来说是一大难题。因此，对他们来说，独自居家临终不是不可能，而是相当困难。

第三个问题，关于我自己，可能的话，我希望自己可以独自居家临终。不过，包括我母亲在内，我身边所有长寿的长辈全都患上了痴呆症，所以如果我到了他们那个年纪，极有可能也会得痴呆症。到那时，我可能会选择去 Group home。

我运营 Group home 已经大约 20 年了。一开始，当有老人快要去世时，有些员工表示不想看到这种场面，他们认为应该把老人送去医院。不过现在已经没有人会有这种想法了。当然，年轻的员工一开始可能还是会感到害怕，但老员工会耐心给予他们指导和帮助，让他们能够安心地提供照护和陪伴，从而让病人安详离世。

通过多次陪伴病人度过临终时光，我了解到很多事情。比如，一开始我认为在临终时刻必须经常为病人吸痰[1]，但实际陪伴过几次后，我发现，痰多往往是输液或管饲营养[2]时过度摄入水分造成的。如果不进行这些操作，就不怎么会有痰。否则，痰有时会结成块，

1　吸痰：用吸引器将病人口、鼻中的痰吸出来。——原书注。

2　管饲营养：对于无法正常进食的患者，通过插入口胃管或鼻胃管向体内输送营养。——原书注。

连医生都无法顺利吸出。最后的时刻，如果不再输液
或管饲营养，病人就不会有那么多痰，这是我逐渐认
识到的。

上野 居家医疗在不断进步。负责居家医疗的医生和护士也
积累了丰富的经验。过去，如果病人家属提出不想管
饲营养或输液，有些医生可能会威胁他们，"你这是
想要饿死病人吗？"不过最近人们已经意识到，其实
管饲营养或输液反而会让病人感到痛苦。医疗常识也
在不断变化啊。

小岛 有些病人在临终前即使不输液，仅仅通过湿润口腔进
行水分补给，也能度过十天左右的时间。这种情况
下，病人通常比较平静，临终阶段大多都很安详，家
人也能安心地与病人告别。这些东西仅靠培训是感受
不到的，只有亲身经历过才会明白。

上野 是啊。只要上门介护、上门护士和上门医生这三个条
件都能满足，同时用户本人的意愿又非常坚定，即便
是完全卧床、不能自行排便的用户，也可以实现"独
自居家临终"。目前，我们是可以得出这种结论的，
这就是我的观点。不知道您是否认可？

小岛 我认为，只要（行政部门和医疗、介护行业相关人员）
有决心，是可以做到的。事实上，我们在做上门介护
或小型多功能居家介护服务时也曾见证过用户居家临

终。不过，我感觉这会越来越困难。

上野　请您展开讲一讲。

小岛　比如，要想居家度过终末期，独居的话，通常一天至少需要护工上门探访三次。然而现实是，制订这种护理计划本身已经变得非常困难。护工人才短缺依然是一个严重的问题。

上野　在上一章我们谈到过，介护保险的服务项目增加了，现在还出现了定期巡回·随时响应式上门介护看护和小型多功能居家介护看护等服务项目。有些地方已经建立起护工每天上门探访三次的体制。当然，这种医护和介护资源存在地区差异，有些地方已经做到了这一点，而其他地方却还没有，这是不可否认的事实。不过，我觉得只要有决心，就能够实现独自居家临终。这个问题已经有了答案。

小岛　已经建立起这种体制的地方可以提供配套服务，但其他地方还是不行。有配套服务的地方老人可以实现独自居家临终，但这种服务还远远没有普及，我这样说您能理解吗？按照介护保险制度的初衷，无论生活在什么地方，国家都应该帮助我们实现独自居家临终的意愿，但实际情况并非如此。

上野　这就涉及消除介护服务资源地区差异的问题了。目前的确只有在能提供相关医疗、介护服务的地方才能实现独自居家临终，这是事实。如今，即便护理人员的数量在逐渐增加，也远未达到能够满足所有需求的水平。您认为造成这种情况的原因是什么？

小岛 比如，自从介护保险制度的机制改变以后，提供上门介护服务时，如果护理计划中生活援助（如打扫房间、洗衣、做饭等）的次数超过了规定次数（例如，"需介护"5级的用户每月超过31次），就要向行政部门提交申请，接受审查，这样一来，就不会再有人制订这种护理计划。这就导致入住收费养老院或老年公寓等设施的人数开始增加。

上野 多了"独自居家临终"这个选项后，未来可能会有更多人选择不去养老院之类的养护机构。我们团块世代权利意识都比较强，我估计等我们老了以后，可能会有越来越多的人表示"我不喜欢日托""我也不喜欢养护机构""我一个人住也OK"。我们恐怕不会像上一代人那样无条件地听从家里人的安排。

小岛 的确，从权利意识的角度来看，战前接受教育的人与战后接受教育的人有明显的不同。

上野 具体有哪些区别呢？

小岛 只有战后接受教育的人才会提到权利这个词。若你询问那些战前女子学校毕业的老人"今后有何打算"，她们往往会回答"我听大家的"或"我听家里人的安排"。

上野 这就是代际差异。过去的老年人，尤其是女性，一直为了家庭而活，因此许多人可能会"为了家人而住进养护机构"。不过，今后情况肯定不同了。

为什么人年纪一大，就必须统一住在一个只有老人聚集的地方？为什么非要让人在身心都变得非常虚弱时离开自己熟悉的住所，搬到养护机构？对此我完全不能理解，也无法接受。

在介护保险制度实施以来的这 23 年中，我亲眼见证了以前不可能的事情变为可能。23 年前，一个人想要独自居家临终是绝不可能的，但现在这已成为可能。

从制度与实践两方面来看介护保险，制度方面或许有所退步，但现场工作确实有了长足的进步。我希望能够通过这次对谈将这一信息传达给大家。介护保险这 23 年的历史绝不是没有意义的。

小岛 作为一名介护行业的从业者，我很高兴能够听到您这段发言。我自己也有同样的感受。因此，我也希望能在自己家里度过尽可能长的时间。

上野 您所说的"尽可能长"是指到什么时候呢？

小岛 恐怕患上痴呆症后就有些困难了……

慌乱中拨出的电话

上野 那我们来看一看第二个问题吧，"痴呆症患者是否也能实现独自居家临终？"

您在自己的著作《临终时刻，你想在哪里度过？——如何打造痴呆症患者也能活出自我的社会》的前言部分提到，"由于目前的介护保险制度存在种种条件限制，病情不断发展的痴呆症患者想要在自己家中度过最后的时光几乎是不可能的。"那么我们需要满足哪些条件，才能使独居的痴呆症患者也能在自己家中度过最后的时光呢？我非常想听听您的观点。

小岛 如果是痴呆症患者，无论是对患者本人还是对他的家人，或是对护工来说，发病初期往往是最困难的时期。例如，他们白天待在日托机构的时候通常能保持冷静，但一回到家中可能就会陷入恐慌。独处时他们可能不知道该做些什么，会感到紧张、慌乱，这时他们就会拼命拨打护工或介护经理的电话，问"我该怎么办？"只要他们还能自己打电话，这种情况就会经常发生。

或者，他们可能突然就不知道跑去哪里了，这种情况在"需介护"1级或2级的痴呆症患者中很常见。其实这个时期，对于周围的人来说，介护负担应该是最重的。等到病情再往后发展一步，患者的身体机能与体力都随之下降，行动会变得越来越困难。因此，等到患者的病情从初期过渡到中期，情况通常会逐渐稳定下来。

然而，我们目前的体制根本无法在患者病情稳定下来之前提供充分的支持与照顾。也就是说，在目前的公共介护保险制度下进行"需介护"等级评估时所使用的日常生活自立程度评估标准，和痴呆症患者本人以及照顾他的护工所面对的困难与负担之间存在明显的脱节。

上野 公益社团"痴呆症患者及家人协会"的成员也表示，目前对痴呆症患者进行"需介护"等级评估时使用的ADL（日常生活自立程度）评估标准存在问题。目前的评估标准比较侧重于身体上的自立程度，这就导致痴呆症患者的"需介护"级别都比较低。

那如果改善一下"需介护"等级评估的标准，在评估时更多地考虑痴呆症患者的情况，您觉得问题会得到解决吗？

小岛 这样做虽然并不能完全解决问题，但至少会比现在好一些。这可能会增加为独居的痴呆症患者提供介护服务的次数，减少一些他们可能会遇到的风险。

上野 也就是说，痴呆症患者在发病初期活动最为活跃，在这一阶段做好监护最为关键。那多长时间过去监护一次比较好呢?

小岛 在某个阶段,可能每隔 30 分钟就需要过去看一下。然而,根据目前介护保险的规定,原则上,两次上门介护服务之间至少要间隔两个小时。可如果间隔了两个小时,腿脚强壮的痴呆症患者可能已经不知道跑去哪里了。这是制约痴呆症患者居家养老的其中一个因素。

为什么要被人从早到晚盯着?

上野 那把这个"监护"任务交给科技,是否可行呢?

小岛 我认为对于那些有能力使用科技的人来说,科技可能会有所帮助。让痴呆症患者携带 GPS 是一个非常好的办法。但大多数人都不愿意携带。

上野 如果他们自己不愿意携带,可以考虑将 GPS 嵌入鞋子或包包里,就像现在我们为宠物植入芯片一样。如果未来开发出适用于痴呆症患者的体内植入式 GPS,您是否可以接受呢?

小岛 我不能接受。这也是一个让我十分苦恼的问题。我心里确实感觉不舒服,"为什么得了痴呆症就得被人从早到晚地盯着?"在这一点上我很矛盾。以前,我参观一家丹麦的养护机构时询问了他们那里的 GPS 使用情况，我得到的回答是"可以使用，但需要经过法院裁定"。这让我深深地感到，在对待 GPS 等技术方面，从人权的角度来看，我们的处理的确有些草率。

上野 我以前曾和养护机构的工作人员讨论过监控摄像头的问题。安装摄像头一方面确实是在监控，但另一方面也可以用于自我保护。GPS 和监控摄像头都具有这种双重性质。这样一来，就需要当事者自己做出决定，但对于痴呆症患者来说，我们是不是预设了他们没有自主决定的能力呢？

小岛 这个问题也有一些复杂。介护领域就是存在很多灰色地带。

不同人的临界点

上野 最近，有一个词一直让我感到难以释怀，就是"居家极限"，这个词在介护经理口中经常被提及。

小岛 没错。

上野 于是我一直在追问"是否达到'居家极限'究竟应该由谁来判断？应该在什么时候判断？判断的标准是什么？"同样的问题，我也想问问您的意见。

小岛 我认为，身体方面是否达到"居家极限"完全应该听取本人的意见，直至临终都可以由自己来判断。而痴呆症患者有时可能会通过语言以外的方式来表达"自己已经无法独自居住"的信息。如果没有人在他们身边,他们会感到不安。我觉得这应该就是他们的"极限"。

到那时,上门介护会变得非常困难。但是,当痴呆症患者真的陷入这种状况时,大多数情况下,亲人担心把他们送进护理机构会使病情恶化,于是就想让痴呆症患者在家里再坚持一下,直到忍无可忍才半哄半骗地将他们送入机构,结果却发现送进机构后什么问题都没有。这种情况我们已经遇到过很多次了。

上野 我也听说过这种情况。亲人往往都已陷入极度困境。因此,入住机构往往并不是患者本人的决定,而是亲人的想法。您刚才说到的"痴呆症患者自己已经无法独自居住"通常会在哪个阶段发生呢?

小岛 这种情况有时初期就会出现,但具体情况因人而异。有时可能会突然出现。与痴呆症患者相处久了,时常会遇到一些令人惊讶的症状。

上野 比如说?您可以给出一些具体的例子吗?

小岛 我曾经遇到过一位很普通的痴呆症患者,有一天他突然说:"我是这个国家的总理大臣……"如果只是如此,我们笑一笑也就过去了,可是,他突然变得很暴力,并且开始大声尖叫。在此之前他完全不会这样,就好像突然变了一个人一样。我们也不知道是什么原因导致了这种变化。

上野 这应该是比较个别的例子，这种情况可能需要进行医疗干预。除了这种比较个别的情况，即便是痴呆症患者，只要能情绪平稳地生活，还是有可能在家中安度余生的，目前已经有了一些这样的案例。

我还想再问您一个问题，"对于您自己来说，如果身患痴呆症，您觉得自己居家生活的'临界点'在哪里？"

小岛 我刚才也讲过了，当我每天都感到担心焦虑的时候，应该就达到"临界点"了。一旦到了临界点，选择Group home 这种有人做伴的地方可能更好。

虽然并不是所有的养护机构都很靠谱，但还是有很多痴呆症患者在入住机构后明显感觉到了放松。与其自己在家心惊胆战地生活，还不如入住养护机构，至少生活上没有太多困扰。

上野 恕我直言，我觉得这可能是因为有些患者已经放弃了挣扎或顺应了现实。很多人在入住养护机构后表现出"要回家的执念"，尽管我个人认为这并不是执念。他们并非心甘情愿地入住机构。有些老人可能是在被欺骗或被抛弃的情况下被迫入住的，因此当他们说"为什么我要待在这个地方，我要回家"时，实际上是在呼救，而不是执念。

要回家的执念

小岛 我也遇到过很多表现出"要回家的执念"的老人，但其实他们还住在家里的时候就已经有这种执念了。因此，所谓"要回家的执念"并不是指他们想回到自己刚离开的那个家。有好几次，由于住在 Group home 里的老人一直吵着要回家，而当我们真的把他们送回了自己家，刚一进门，他们马上又吵着要回去，结果我们只能再把他们带回来。我觉得他们自己的家也并没有给他们留下什么美好的回忆。

这种情况不仅发生在有家庭的老人身上，很多独居者也是这样的。我也感到非常不可思议，不知道为什么会这样。老年阶段真是充满了不确定性，这就是我最真实的感受。我觉得他们"想回自己的家"应该是指要回到自己人生某个特定阶段的家。

上野 我不知道自己老了以后会怎么样，而且我认为这也不是我现在就要决定的事情。不过，目前我没有任何理由主动去改变自己的生活方式，因此，可能的话，我更愿意"独自在家度过最后的时光"。

小岛 我想再重复一遍，因为我看到过很多人患上痴呆症后因独处而感到焦虑不安，所以我无法断言独居就是最理想的。虽然我个人倾向于"独居"，但我并不会给自己设限，不会主张"绝对要居家"或"绝对要进机构"。

上野 我觉得把独居与孤独联系在一起会不会有些武断。虽然是一个人住，但医生、护士、介护经理和护工们进进出出，可大大减轻孤独感。非得有一个人24小时守在自己身边吗？反正我不喜欢那样。

不过，我也不是"独自居家临终的原教旨主义者"。我身边也有一些人就生活在养护机构中，每天开开心心的，和伙伴过得很幸福。我并不能预测自己的未来，所以我也不知道自己以后会怎样。不过，我觉得，至少有选择要比没有选择好。

小岛 确实如此。我们应该创造出多种选择，让每个人都能选择最适合自己的生活方式，这才是未来最理想的老龄社会。目前就是太缺乏选择了。

上野 您的意思是，因为独自居家临终很难实现，所以应该多一些选择吗？

小岛 在目前的情况下，独自居家临终确实不太容易。原则上，对于中度以上的痴呆症患者，我个人是不建议独自居家临终的。

上野 现在，"人生到最后就是去养老院"这种想法太过根深蒂固，其实我们还有其他的选择，我们必须向整个社会传递出这样的信息——"即便是痴呆症患者，也可以实现独自居家临终"，为了让大家都能了解这一点，我觉得我们宣传的时候有必要更强势一些。事实上，这种情况确实正在逐渐增多。

政府的"阴谋"

上野 那小岛女士，我们来看最后一个问题，您对自己老后的生活有什么规划？

小岛 我目前也是独居生活。不过，因为我很可能会患上痴呆症，所以将来我可能会考虑入住 Group home。

上野 关于痴呆症患者能否实现独自居家临终的问题，之前我也咨询过很多医疗和介护方面的专业人士，他们的回答大多是"最后还是入住养老院或 Group home 比较好"，基本没人提到老年公寓。

小岛 我也认为"老年公寓很有局限性"，这一点也得让公众了解清楚。老人如果身体状况良好，那入住老年公寓是个不错的选择，但如果患上痴呆症，并且开始在半夜打扰他人，那很可能就无法继续住在那里。最近5年里，已经有4位老人从老年公寓搬到了我们这儿的 Group home。我们自己也在运营一个类似老年公寓的设施，叫作"Group living 缘分森林"，每一位入住者入住之前我都会问清楚，如果痴呆症变严重了，他们会不会考虑搬去 Group home。

上野 由于需要大量预算，所以现在各地区政府部门已经不再兴建特殊老年护理院之类的设施，这也是老年公寓数量激增的主要原因。我觉得这可能是厚生劳动省和国土交通省的一个"阴谋"，他们计划利用老年公寓取代特殊老年护理院。

小岛 那确实是一个"阴谋"。同时，也是一个巨大的错误。

上野 难怪特殊老年护理院之类的设施会被逐渐淘汰。我们必须建立一个淘汰劣质机构的机制。所谓淘汰，应该是消费者，也就是用户通过比较服务质量进行选择的结果，然而，日本的"银发市场"不但没有形成优胜劣汰的机制，甚至还出现了截然相反的趋势。究其原因，主要是在老年服务市场，用户与消费者并不是同一个人。

介护服务的受益者（使用者）虽然是老年人，但支付费用的往往是他们的家人。不过，随着团块世代逐渐步入老年，购买者与受益者应该就会一致了，我很期待这种变化的发生。

因此，我认为现在是我们放弃旧模式、提供新模式的时期，我们不要再用过去那种这也不行、那也不行的否定性模式，我们要肯定地告诉大家，过去的那些不可能如今都已成为可能。

小岛 我目前是站在经营者的角度接触介护服务，但迟早我也会成为用户。因此，我希望我们努力建立的介护保险制度质量不会下滑。我希望我们辛辛苦苦培养出的护理人员能够继续负责任地培养下一代。这真的是我的心里话。

必须保护的人

上野 然而，介护保险现在越来越不好用了。制度变得过于复杂，各种附加费用不断增加，搞得使用者一头雾水。

小岛 确实如此。尽管我们会向用户认真解释每个项目，比如"这笔附加费用是一开始就有的"或者"需介护级别上调后，这笔附加费就没有了"之类的，但他们根本就听不懂。一个制度得让它的使用者能搞明白才行。

2022年1月，我曾给《每日新闻》投了一篇稿，名为《护工消失的危机》。文章发表后，社交媒体上到处都是惊讶之声，人们都没有想过未来护工可能会消失。在我们介护行业内部，这种危机感很早以前就已经出现了，但社会大众对此并没有感知。

大家在设想自己的老年生活时，可能都认为未来仍然会像以前一样，有护工来帮助自己。可如果没有了护工，大家以后要怎么办呢？

我们机构里，很多护工年龄都在 65 岁左右。现在就连70 多岁的护工提出辞职，我都会尽力挽留。这就是我们介护服务行业的现状。然而，这个问题一直没有人提出来。因此，我强烈呼吁大家一定要认识到"护工即将消失"的现实。

上野 这个问题前面我们也提到了，护工短缺的原因非常明显，最根本的原因就是介护保险设定的报酬太低。为此，我也询问过一些一线的员工，想了解他们对自己的待遇改善有什么期望，结果，他们的要求非常简单，每个月平均有 25 万到 35 万日元就能继续做下去。我很不解，难道我们连这种要求都无力满足吗？

也有人提出可以维持现有的劳动条件，通过引入外籍劳工来解决问题，但这又会涉及沟通和文化差异等许多新的问题。要缓解护理人员短缺的问题，唯一的方案就是改善护理行业的待遇。而之所以不能改善护理行业的待遇，根本原因就是人们仍然认为护理工作是每位女性都可以胜任的非技术性工作，我们始终没有脱离这种思维。如果深入讨论下去，答案只会指向这个方向。

小岛　如果护工这一行业消失了，会有什么样的后果呢？举例来讲，有些独居的高龄老人去世后，即便能找到亲人，也大多是远方亲属，并不能指望他们来做什么。而相反，在老人的最后阶段，是护工们在贴身照顾他们，当他们去世时，这些护工会为他们落泪哀悼。有时，介护服务行业要比医疗行业更贴近用户。在超老龄社会中，居家介护服务是一个不可或缺的存在。

上野　而支撑这一切的就是介护保险制度。这个制度确实非常必要。因此，我们必须坚决维护它。

小岛　如果不能维护好这个制度，我们将要面临什么样的未来是可想而知的。虽然我现在是经营者，但再过10年，我迟早也会成为用户，这个问题我再清楚不过了。

上野　最近，有一位介护服务行业的朋友跟我说："介护本来是一份非常让人开心的工作，但我现在渐渐不这么认为了。"这句话让我感到非常难过。

小岛　年轻员工刚从事介护工作时都认为自己找到了一份好工作，无法让他们维持住这份好心情是一件非常令人难过的事。

上野　我观察了很多介护一线员工的工作情况，我觉得年轻人还是很喜欢介护工作的。

小岛 他们是不是都面带微笑？那些优秀护工真的非常友善。

上野 我的朋友曾经对我说："你之所以信任介护保险这个制度，是因为你遇到了很多好人。"制度是由人来支撑的，我觉得只要有这些人在，日本的介护保险制度就不会有问题。介护行业的人真的都非常善良，都是好人。

小岛 他们善良，有耐心，会全心全意地为对方着想，我觉得这种精神非常宝贵。我这 20 年来一直努力工作，就是为了保护这些人。我们要保证他们可以一直热爱这份工作，一直愿意工作下去。

我们刚才一直在讨论"独自居家临终是否可行"，讨论居家和养老院的优势劣势，然而，如果没有一份稳定的收入，你可能根本就没钱住养老院，只能选择居家。这才是最大的问题。从某种程度上来讲，能够自己选择居家养老还是住养老院，其实是有些"站着说话不腰疼"的。

上野 这种批评也很适用于支持居家养老的我。其实以"居家"为名的"弃置不管"是一个非常严重的问题。

老年人依然拥有无限可能

小岛 首先，我们必须维护好介护保险的服务体制，确保它能为每个人提供足够的服务，当然也包括选择居家养老的人。

上野 再有，老年人的购买力也非常重要。在介护保险制度刚成立时，大家曾围绕着究竟应采取税收方式还是保险方式而展开了激烈的讨论。我已经强调过很多次了，从结果来看，我认为采用保险方式是非常正确的。因为它帮助人们树立了（对公共服务的）权利意识，这是以往的日本人所不具备的。

不过，介护保险制度成立之初就有人指出了贫困人群所面临的问题，但至今这一问题依然存在。

小岛 介护保险制度的建立具有重大的意义。然而，从建立之初到现在 20 多年的时间里，这一制度出现了很多漏洞。现在最重要的是，我们必须重建介护保险制度，以解决包括贫困人群问题在内的众多问题。至少不能一味地增加用户负担，使得介护服务越来越难以使用。

上野 刚才我提到过残疾人自立生活运动的倡导者中西正司先生，我们曾共同提出过一个理念，叫作"全民服务法"，旨在为所有有需要的人随时提供必要的服务，无论年龄。未来制定制度时，这种视角将非常重要。

在深入研究介护领域的过程中，我开始觉得老了以后会"有无限可能"。老年阶段存在着太多未知。我自己可能也会感到不安，甚至可能会放弃"独自居家临终"的念头。但这些都没有关系。最重要的是我们都能安然活到最后。而这离不开制度的支持。让我们一起努力维护好介护保险制度吧。

* 第 8 章《理想的老龄社会：独自一人也能实现幸福的居家临终》是对《上野千鹤子 × 小岛美里对谈（上篇）——独自居家临终是否可行？》（2022 年 12 月 19 日发布）、《上野千鹤子 × 小岛美里对谈（中篇）——痴呆症患者独自居家临终是否可行？》（2022 年 12 月 20 日发布）、《上野千鹤子 × 小岛美里对谈（下篇）——你希望如何度过人生的最后一刻？》（2022 年 12 月 21 日发布）进行补充修订后的内容，这三篇对谈发布在"伙伴"上，"伙伴"是一个由朝日新闻社运营，由痴呆症患者共同建设的网络媒体，本章内容的修订转载均已经过授权。

后记

小岛美里

我想先谈一谈这本书诞生的始末。2016 年 11 月，应一本杂志之邀，我和上野千鹤子女士进行了首次对谈。当时我们谈话的主题是"如何利用介护保险实现'居家临终'的愿望"。然后，过了三年，在 2019 年年底，我接到上野女士的一通电话，她说："这次介护保险法案的修订非常糟糕，我想组织一场抗议活动。"由于修订内容太过不合理，令人难以容忍，我也正想做些什么来表达抗议之声，于是我们一拍即合。接下来，在 2020 年 1 月 14 日，我们赶在新冠肺炎疫情爆发前举办了一场国会内部会议，名为"绝不允许介护保险制度倒退"，与会人员包括与介护保险相关的各类人员，如介护服务机构经营者、机构员工、学者、"需介护"的当事者及他们的家人、未来可能需要介护服务的人等等，定员 300 人的会场被挤得水泄不通。大家对那场集会的热情可谓前所未有。

之后的三年时间一直被笼罩在新冠肺炎疫情的阴影之下，包括我在内的机构经营者每天都忙于防疫工作。介护机构内的感染者一直滞留在机构里，无法得到治疗。一波又一波的感染过后，上门介护服务的使用者中"居家疗养"的人也越来越多，名为"居家疗养"，其实就是被弃置不管。有时，接到需要护理的痴呆症患者新冠阳性的消息后，我们赶紧换上防护服上门探访，结果却发现患者根本不在家，这种情况屡见不鲜。那段时间，每天都很艰苦，而且不知道这样的日子何时能结束。

介护保险制度多次不合理的修订以及护工报酬过低等问题，本就已令中小型介护服务机构苦不堪言，这次新冠肺炎疫情更是给了他们致命一击。疫情期间，介护机构相继倒闭，而就在这种情况下，2022年度的介护保险修订工作开始了。本次修订的性质十分恶劣，一些了解具体修改内容的人不禁高声痛骂"实在太过分了！"。然而，我们这些介护服务机构的经营者已经没有余力站出来反对。可如果在这个时候我们什么都不做，肯定会留下遗憾。我想起2020年举办内部会议时曾建过一个邮件列表，于是，8月底的时候，我尝试群发了一封邮件，呼吁大家采取行动。那时距离介护保险部门做出最后决定仅剩三个月的时间。情况刻不容缓，上野老师迅速做出回应。在接下来的两个多月里，我们马不停蹄，一共策划了3次网上集会，最后还计划在众议院第一议员会馆举办一次国会内部会议。由于要邀请业内知名人士登台演讲，而大家的日程安排都很紧张，光是协调工作就已相当困难。而这段时间里，上野老师展现出的非凡能力令人印象深刻。

我不止一次被上野老师认真的态度所折服。线上集会的网络技术支持也是由上野老师负责的。"上野老师的业务能力真强！"由于我的这一句称赞，她增加了很多分外的工作，真的非常抱歉。此外，上野老师还提出建议，要召开第四场线上集会，邀请医疗领域的人士一起参加。在这种势头的感染下，很多过去从未参加过"抗议集会"的人也纷纷加入进来，每次在线集会都有介护领域的知名人士登台演讲。

网络传播的力量在第一次线上集会后的第二天就显现了出来。出席这次集会的"痴呆症患者及家人协会"发起了网上签名活动，立刻火爆全网。"介护保险自付比例20%"在社交媒体平台上成为热搜话题。这四次线上集会和国会内部集会不仅在当天进行了直播，而且上传到视频网站以后，总观看量超过了4万。

国会内部集会的一个月后，介护保险部门做出了"暂缓执行"的决定，这是前所未有的。他们肯定感受到了人们的反对情绪。当然，现在只是"暂缓执行"，我们还需要继续抗议，我们现在凝集起的力量将会一直延续下去。

除此之外，还有另外一条路指引我们走到了一起。去年7月我出版了一本书，名叫《临终时刻，你想在哪里度过？——如何打造痴呆症患者也能活出自我的社会》，之所以写这本书，是因为受到了上野千鹤子所著的《在熟悉的家中向世界道别》的启发，或者说我是想要反驳那本书中的某些观点。

在熟悉的家中向世界道别？不，现实情况不是这样的。上野老师，您根本不了解真实的情况。我必须把残酷的现实告诉您。于是，我大胆地拿起了笔。我相信我所传递出的信息一定会被上野老师看到，我也做好了随时可能面对反驳的准备。但是，这本书出版后不久，上野老师竟然在社交媒体上写道"我一直期待着能有这样一本书"。我感到非常惊讶，也非常高兴。也就在这之后不久，我群发了刚才那封呼吁大家采取行动的邮件。

这次对谈是去年12月底进行的，当时，介护保险部门刚刚做出"暂缓执行"的决定。对我来说，这是一个非常宝贵的机会，让我能够直接听到上野老师的不同意见。这次对谈过程充满挑战，不仅遇到一些我难以马上回答的棘手问题，还有很多我希望重新思考的观点。重读本书，我发现有很多地方的我是矛盾的，当然这里有我经验不足的原因，不过，这也说明我们没有提前沟通，这里记录的一切都是当时我们在现场碰撞出的结果，还请各位谅解。

上野老师在"前言"中已经道尽自己对读者的期望，在此，作为介护服务机构的经营者，我也想谈谈我的愿望。我希望大家在使用介护保险服务时，能够与护工及护理机构建立起良好的关系。介护服务建立在双方彼此信任的基础上。人生的终末时光，大家都会进入"需介护"的状态，我们与护工之间是托付与被托付的关系，如果不能彼此信赖，就难以实现体面的临终看护。当然，我绝不是鼓励大家去容忍那些不负责任的介护服务。遇到这种情况，我希望您能用简明的语言坚定地表达自己的需求，因为从事介护服务的人员大多比您年轻，人生经验也不像您那么丰富。我希望大家都能打破成见，携手合作，就像介护服务机构经营者小岛与未来的用户上野千鹤子一样，虽然彼此之间存在严重的分歧，但在抗议介护保险不合理修订的活动中，我们仍能成为最坚定不移的伙伴，并肩战斗。

此外，我也希望大家可以积极参与我们的抗议活动，无论是为了你们自己，还是为了二三十年后即将用到介护保险制度的团块二代。